NIÑOS
desobedientes,
PADRES
desesperados

AGUILAR

ROCÍO RAMOS-PAÚL
LUIS TORRES

NIÑOS desobedientes, PADRES desesperados

El método para que tu hijo
te haga caso a la primera

© 2012, Rocío Ramos-Paúl Salto y Luis Torres Cardona

De esta edición:
D. R. © 2012, Santillana Ediciones Generales, S. A. de C. V.
Av. Río Mixcoac 274, Col. Acacias
C. P. 03240, México, D. F.

M.R.

Primera edición: abril de 2012
Primera reimpresión: agosto de 2012
ISBN: 978-607-11-1816-5

Diseño de cubierta: Opalworks
Fotografía de la autora: Marina Vilanova

Impreso en México

A todos los que nos pusieron normas
y a los que estamos enseñando a ponerlas.
A mis dos Ramones.
A Sonia.

Índice

Introducción

Que los niños sean desobedientes es lo que se espera. Que los padres se desesperen, también. Siempre y cuando además lloren, rían, se enfaden, se sorprendan, se atrevan, se ilusionen, perdonen, premien... En definitiva, disfruten de todo lo que implica ser padres.

Todos los niños son reacios a hacer lo que no les gusta, porque se sienten exactamente igual que nosotros cuando el lunes suena el despertador y hay que ir a trabajar. La diferencia entre una situación y otra está en el control que sobre nuestros impulsos hemos adquirido. Si no fuera así, apagaríamos el despertador y seguiríamos durmiendo. De ese control tratamos en este libro, de la necesidad de aprender a saber lo que se puede hacer o no y de aprender a tener en cuenta las consecuencias en el entorno y en los demás cuando lo hago. Eso que a nosotros nos parece es natural y sin embargo nos lo enseñaron nuestros padres.

A lo largo de la historia la autoridad es un tema recurrente entre padres e hijos. Intentar que un niño haga caso es lo mismo que preguntar cómo conseguir que reconozca como figura de autoridad a sus padres, y debe ser importante que sea así; si no, ¿por qué preocupa tanto?

Trataremos de ofrecer una perspectiva sobre lo que actualmente pensamos acerca de la autoridad. En la vida cotidiana del niño tiene que haber unos límites y los padres tienen que ponerlos. Aprender cómo hacerlo aumentará las probabilidades de que se respeten y establecer consecuencias le facilitará al niño funcionar tanto en la vida familiar como fuera de ella.

Nos gusta contarte cómo hacerlo, así que gran parte del libro lo hemos destinado a describir de forma sencilla estrategias en las que apoyarte para que tu hijo aprenda a hacer caso. De forma habitual decimos que para los niños no hay botón de *off* y argumentamos lo maravilloso que es que cada uno sea distinto. Los hay protestones, coléricos, testarudos, mentirosillos, charlatanes, pero todos quieren que sus padres guíen su comportamiento porque se sienten seguros cuando ocurre.

Todos los padres desean lograr que los hijos sean mejores que ellos, pero no siempre saben cómo conseguirlo. Comprendemos que te exigimos un gran esfuerzo para llevar a cabo las tareas que te explicaremos. Pero también somos conscientes, e igualmente te lo explicaremos, de los beneficios que comporta.

Por eso te damos una buena noticia con la que terminar: cuanto más te especialices en poner normas, mayor colaboración encontrarás en tus hijos y menos veces tendrás que aplicar consecuencias negativas para que se cumplan. Tu actitud repercutirá directamente en un ambiente agradable en tu casa en donde tus hijos se sientan felices.

Ahora lo sé, decía un padre; cuanto más me he empeñado en cumplir todas sus peticiones, más me ha exigido y peor me ha tratado. En cuanto he empezado a exigirle responsabilidades, se ha transformado en otra persona.

Y es que, como decía Abigail van Buren, «Si usted quiere que sus hijos tengan los pies sobre la tierra, colóqueles alguna responsabilidad sobre los hombros».

Capítulo 1

«Es un desobediente»

La desobediencia es, según el *Diccionario de la RAE,* la resistencia a cumplir una orden. Pero ¿sabes por qué los niños no obedecen?

LAS RAZONES QUE DAN LOS NIÑOS PARA NO OBEDECER

Desobedecer es inherente al niño, con la protesta manifiesta lo que no le gusta o que no está de acuerdo con lo que le pides. Y eso es descubrir, describir y sentir emociones propias, es decir, desarrollar su inteligencia emocional. Pero también expresa: «Estoy aprendiendo, sé que es más fácil convivir cuando cumplo con mis responsabilidades, pero me cuesta hacerlo y quiero que tú me enseñes».

Seguro que en alguna ocasión has oído responder a un niño cuando se niega a hacer algo:

1. Aunque tú lo digas.
2. Cuando tú me... ya lo haré yo.
3. Eso no es justo...
4. Ahora voy, seguro.

5. Y mi hermano qué.

6. En casa de mi amigo no hay que hacer eso.

7. Pues la abuela me deja.

8. En casa de papá no tengo que...

9. Eso es una tontería...

10. ¿De veras crees que...

11. Hasta que tú... yo no...

El listado podría ser interminable, pero todas estas respuestas tienen algo en común. Cuando el niño las dice está enfadado.

Cuándo se enfadan los niños

En primer lugar el niño se enfada cuando las cosas no salen como él quiere y lo manifiesta protestando.

Le puede enfadar recoger los juguetes antes de cenar y reaccionará con un «pero si mañana voy a seguir jugando, ¿por qué los tengo que recoger?». La protesta puede ser desesperante, pero es el mejor indicativo de que las cosas van bien, porque es la forma en la que el niño expresa su desacuerdo.

Gritará, pataleará, insultará, aunque esté pensando: «Esto me joroba, pero me entero de que estás pendiente de mí y quieres que me haga una persona responsable. Además sé que esto es lo que hay que hacer». ¿O es que nadie ha oído a los niños cuando les preguntan por qué creen que sus padres los regañan y dicen: «Lo hacen por mi bien»?

El enfado es una emoción, y experimentarlo desarrolla la inteligencia emocional. Las emociones no se enjuician, no se califican, no son positivas ni negativas; están presentes en nosotros, y no tenerlas en nuestro repertorio nos limita como personas.

El enfado es la antesala de la ira. Todos hemos respondido en alguna ocasión dejándonos llevar por la ira. Cuando no se aprende a identificar, describir y controlar el enfado, se corre el riesgo de responder en demasiadas ocasiones dominado por la ira y eso sí es un problema.

Evitar que sean las emociones las que te controlen y controlarlas tú es un aprendizaje que necesita que aparezcan tres capacidades y en este orden:

- *Identificar* el enfado es el primer paso, así que cuando veas a tu hijo con el ceño fruncido, apretando los labios, mirándote fijamente con gesto de «estoy cogiendo fuerzas y voy a estallar con más potencia que un petardo», limítate a señalarle lo que te pasa: «Te veo realmente enfadado».
- *Describir* lo que acompaña a la irritación le servirá para saber qué hace cuando se empieza a sentir así, de forma que podrá pararlo antes de que su rabia vaya a más. Dile: «Lo sé porque estas apretando los dientes, pones tensos los brazos y cierras los puños».
- *Expresar* y *controlar* es la parte más difícil para el niño, en la que más necesita que lo guíes. Un buen comienzo sería: «Cuando me siento como tú, tengo un truco: cuento por qué me he enfada-

do y, según lo voy diciendo, noto cómo se me va pasando».Y por último, e igual de importante, dile: «Entonces noto que me relajo y así pienso mejor y se me ocurren cosas para que se me pase el enfado». Con tu actuación le enseñas a buscar alternativas a las reacciones agresivas que aparecerían si se deja llevar por la ira.

Para poder hacer todo lo anterior empieza por ayudarle a decirte qué es lo que le enfada. Al principio tendrás que animarlo a que lo cuente. Para eso tienes el siguiente listado con las razones más frecuentes por las que se enfadan:

- Última hora del día o cambio de horarios: están cansados. «Tienes sueño, terminamos juntos de recoger y te acompaño a la cama».
- Se aburren: «Ayúdame a hacer la compra, ve por los yogures mientras acabo y así terminamos antes».
- Algo no sale como ellos quieren: «Ya sé que tenías excursión, pero llueve. ¿Vamos al cine?».
- Se meten con ellos: «Si te dicen "cuatro ojos", ríete y diles que así ves cuatro veces más cosas».
- Pierden: «Tienes dos trabajos: enfadarte y desenfadarte. ¿Juegas una vez más?».
- Quieren algo y no se les da: «No te voy a comprar el coche, pero tranquilízate y entonces hablamos de cómo podrías conseguirlo».
- No consiguen hacer algo: «¡Eres genial! Has estado tres minutos aprendiendo a abrocharte los

botones. Te ayudo y mañana volvemos a intentarlo».

● Algo les parece injusto: «Comer lo que no te gusta puede parecerte injusto, pero tienes que elegir una fruta de postre».

El enfado es una emoción necesaria para el desarrollo de la inteligencia emocional del niño. A través de él podrá controlar las emociones si aprende a:

● Identificar.

● Describir.

● Expresar.

Cuando se enfade dile: «Cuando te enfadas te pones rojo y aprietas los puños y ahora estás así. Entiendo que quieras comprarte una golosina, pero luego no tendrás hambre. Hagamos una cosa, te tranquilizas y entonces decidimos cuándo comer una golosina».

Por muy contradictorio que parezca, protestar es sano para el desarrollo del niño. Cuando se queja te dice que se está enterando de lo que le pides y aprende a mostrar su desacuerdo. Aunque todavía tenga que seguir limando la habilidad de expresar lo que no le gusta.

Mucho más preocupante es la actitud sumisa que presentan algunos niños.

Protestar e intentar saltarse las normas que les ponemos son indicativos de un buen desarrollo. Un niño sumiso que dice a todo que sí, que no rechista, nos lleva a plantearnos que algo le ocurre y debemos enseñarle y animarlo a expresarlo.

Aceptar siempre y cualquier orden que venga de otro, sin oponerse, genera en la persona dificultades a nivel psicológico que suelen verse reflejadas con el tiempo a nivel fisiológico (ansiedad, estrés, depresión, reacciones psicosomáticas...).

Cuando el niño resuelve evitando o escapando de la situación suele pasar inadvertido porque: los abuelos no tienen inconveniente en quedarse con él: «No da un problema»; en el colegio: «Es buenísimo, si no te fijas ni lo oyes»; con los amigos: «Qué suerte tienes, ojalá los míos fueran así». Todo le gusta, con todo se conforma, por nada sube el tono, nada le parece mal y se adapta a cualquier plan que le propongan. Esta actitud no debe confundirnos. No es que tengamos la suerte de tener un santo en casa. Es que este niño hace todo lo que esté en su mano para evitar un conflicto. Cuando un niño no se queja y acata todo lo que le dicen presenta un componente de sumisión que nos da pistas de que ocurre algo que se nos escapa y que interfiere en su desarrollo.

A Guillermo, de 7 años, sus padres le notan que cada vez tiene más dolores de estómago y últimamente ha empezado con dolores de cabeza. Descartada cualquier razón médica, los padres empiezan a relacionar los dolores con situaciones en las que tiene que desenvolverse solo: un cumpleaños, una excursión, una salida con hijos de amigos, una actividad extraescolar. Guillermo no protesta y acude, pero sus dolores le delatan y para que desaparezcan tendrá que empezar por aprender a decir lo que siente y piensa de cada una de estas situaciones.

Adaptarse a las situaciones es una capacidad que se aprende y no se puede confundir con aceptar indistintamente cualquier orden que venga de los demás. En el primer caso el niño expresa su desacuerdo e incluso da alternativas para modificar lo que no le gusta hacer. En el segundo se limita a callar y acatar lo que le imponen, porque le angustia el temor de que cualquier otra actitud genere conflicto con el otro.

LAS RAZONES QUE DAN LOS PADRES DE POR QUÉ NO OBEDECEN LOS NIÑOS

Los padres viven con angustia la desobediencia de los niños. Descubrir que no pueden controlar el comportamiento de su hijo les genera ansiedad. Quieren que sean autónomos, pero se desesperan cuando actúan frente a lo que les parece injusto, intentan zafarse de sus tareas o simplemente remolonean.

Seguro que en alguna ocasión has dicho u oído a padres frases muy parecidas a éstas:

● Siempre quiere salirse con la suya.
● Atiende cuando le da la gana.

- Para darme en las narices.
- Sólo hace caso cuando le interesa, cuando quiere algo a cambio.
- Porque le encanta vernos desquiciados.
- Porque no le apetece.
- Hace lo que le da la gana.
- Por llevar la contraria.
- Siempre quiere tener la última palabra.
- Porque está entretenido con otra cosa, porque está en las nubes, en su mundo.

Para desesperación de los padres, los niños protestan y cuando lo hacen lloran y gritan e incluso insultan y pegan. Por muy insoportable que resulte para los adultos esta actitud tienen que hacerlo. Porque así manifiestan su desacuerdo y eso es un indicativo muy positivo de que están entendiendo lo que se les pide.

Su desesperante forma de quejarse tiene que ver con que no conocen otra manera de hacerlo. Se lo enseñamos cuando les decimos: «Hasta aquí se puede, más allá no», para que vayan desarrollando capacidades como la tolerancia a la frustración, la autoestima, la capacidad crítica, la de ponerse en el lugar del otro, la de reconocer sus emociones, la de solucionar problemas. Todas ellas lo llevarán a entender e integrar valores como el respeto, la responsabilidad, la empatía, la colaboración, la constancia... Luego hay que pensar que el proceso será largo y desesperante, pero el resultado final, muy, muy gratificante.

Cuándo se enfadan los padres

El enfado es una emoción que suele aparecer como consecuencia de un comportamiento del otro que no nos gusta.

Es bueno que el niño viva el enfado del otro ante un comportamiento inadecuado, le muestra cómo lo que hace produce reacciones en los demás. «No sabes lo enfadado que estoy. ¡Es que no podemos comer fuera de casa sin que tenga que levantarme por ti más de cincuenta veces! A partir de ahora, si te levantas de la mesa en las comidas, te ocuparás de recogerla». Le dice un padre a su hijo de 8 años tras haber estado más pendiente del niño que de disfrutar en un restaurante.

Este ejemplo es muy útil para entender que:

- Hay que enfadarse cuando el comportamiento del niño es inadecuado: «Estoy enfadado».
- Hay que decirle que su conducta nos provoca esta emoción: «Te has levantado de la mesa y he tenido que ir a buscarte».
- Hay que explicarles por qué esa conducta es inadecuada: «Para comer fuera de casa hay que permanecer en la mesa hasta que acabemos, así todos disfrutamos y lo pasamos bien».
- Hay que poner consecuencias al incumplimiento, si lo hay: «Si te levantas, te ocuparás de recoger la mesa».

Cuando el enfado responde a la reacción que provoca una conducta del niño éste aprende a evaluar las consecuencias de su actuación, es decir, a ponerse en el lugar del otro. Así medirá sus comportamientos para evitar hacer daño innecesario con su conducta. En ocasiones, ya sea porque el niño parece estar esperando a que le den una orden para hacer lo contrario, o porque los padres pasan por situaciones de estrés que disminuyen su paciencia, o ambas circunstancias juntas, el enfado pasa a ser una reacción más frecuente de lo deseable.

Cuando el enfado es la tónica

Cuando los padres empiezan a estar con demasiada frecuencia enfadados, refuerzan poco y les molesta cualquier cosa que hace el niño, le transmiten la idea de «eres malo», lo que lo lleva a pensar que haga lo que haga se llevará la bronca. De esta forma pensará: «Para qué voy a hacer las cosas de otra manera, o voy a esforzarme en cambiar mi conducta, si siempre me tratan igual».

Para que un niño llegue a estas conclusiones en casa se han dado muchas de estas circunstancias:

- Reducir o eliminar los tiempos de juego y disfrute con el niño: «Después de cómo te has portado no pretenderás que me ponga a jugar como si nada».
- Dar largas explicaciones sobre lo que ha hecho mal como si hablándole mucho llegara a interiorizarlo y así se produjera un cambio en su conducta: «Mira, no sé cómo decírtelo. Por la buenas no atiendes a razones, por las malas te da lo mismo con lo que te castigue... ¿No ves que si te

portaras bien estaríamos todos más contentos y nos iría mejor? Los niños hacen caso a sus padres y se portan bien...».

- Adelantarse a su comportamiento: «Te quedas al cuidado de tu hermano y ni se te ocurra pelearte con él».

- Aplicar regaños indiscriminadamente y como única consecuencia. En un parque un padre que se negaba a reconocer que esto le ocurría con su hijo, ante una pelea de amigos le dijo al niño: «Ves, David, ya has hecho llorar a esta niña. Si es que no puedes estar jugando tranquilo ni un momento». La niña entonces dijo: «No ha sido David, ha sido ese que va corriendo». Y el padre se volvió a su hijo para decirle: «Bueno, pues esta bronca te sirve para la próxima vez que te pelees, que seguro que no tardarás en hacerlo».

- Dar órdenes en negativo, sin describir la conducta que se espera de él. Algunos ejemplos: «No grites», «No te subas al sofá», «No corras», «No te acerques al horno». Dicho así, prohíben pero no enseñan un comportamiento alternativo y más adecuado. Esto sólo se consigue si las cambiamos a positivo: «Habla más bajito para que pueda oírte», «Siéntate en el sofá para ver la tele», «Dame la mano y vamos caminando juntos», «Ponte allí y me sigues ayudando a cocinar».

A pesar de la buena intención de los padres cuando aplican este tipo de intervenciones, suele ocurrir que la familia aumenta el número de situaciones punitivas y poco a poco la relación afectiva con el niño se ve afectada negativamente. Esta dinámica familiar no hace más que empeorar las cosas, puesto que cuanto más se intensifica, más favorece la aparición y mantenimiento de las actitudes que se quieren cambiar en el niño. Es frecuente entonces oír a los padres decir: «No sé qué hacer; lo castigue con lo que lo castigue, le da lo mismo». Y no les falta razón, porque cuando se abusa de algo deja de tener efecto. Esto es lo que ocurre cuando en casa se instaura el castigo crónico, que examinaremos a continuación.

El castigo crónico

Los castigos son una consecuencia eficaz para disminuir o hacer desaparecer un comportamiento, como verás en el capítulo 7. Pero no puede ser la única. Hay dos razones muy claras para ello.

Cuando se castiga una vez suele ser muy efectivo, pero si esta consecuencia no se acompaña de otras, como el refuerzo, habrá que aumentar su intensidad para conseguir el objetivo. Así, retirar los juguetes que no se han recogido es una buena medida para que al día siguiente los ordene, pero puede suceder que no lo haga. Si la negativa persiste podría ocurrir que no queden juguetes que retirar y entonces será real lo de que «le da igual el castigo», porque el niño buscará otra forma de jugar. Si por el contrario, le ofrecemos la posibilidad de recuperar los del primer día si ordena su cartera tras la cena, aumentamos la posibilidad de que recupere sus juguetes y aprenda a ordenar las cosas después de usarlas.

Piensa en el plato que más te gusta. Imagina ahora que todos los días te lo ponen a la hora de la comida. Es más que probable que te satures y pierda el valor estimulante que tenía. Eso mismo les ocurre a los niños cuando se los castiga mucho y ni siquiera aumentar la intensidad sirve: «Esta vez te vas a enterar, te vas a pasar recogiendo la mesa de aquí hasta que cumplas 15 años». El primer día puede que proteste, el segundo lo hace y luego lo convierte en una tarea más. A esto hay que sumar la más que posible utilización del castigo para cualquier situación a resolver: «Prohibida la computadora hasta que apruebes todo, te vas a la cama por pelearte con tu hermano, no vas al parque en toda la semana por insultarme, olvídate de ir al campamento este verano, etcétera».

Si el castigo es lo habitual, el niño asimilará que, haga lo que haga, será castigado. Como consecuencia, con el tiempo, el castigo deja de tener efecto sobre el niño. Para devolverle el valor educativo al castigo habrá que empezar a aplicar otras consecuencias, empezando por señalar todos aquellos comportamientos adecuados que lleva a cabo el niño. No se pierdan la reacción cuando esto sucede. Es fantástico su gesto de asombro ante los piropos de sus padres.

Cuando los padres no controlan su enfado y la casa está gobernada por los gritos, los castigos, las amenazas, cada vez es más fácil que la emoción sea la que controle las respuestas que dan los padres y la que siempre aparece en estos casos es la ira.

Demasiado enfado = ira

El enfado es la antesala de la ira, y cuando ésta aparece todos somos susceptibles de ver gobernado nuestro comportamiento por esta emoción. Si detectas que la ira te controla y no al revés, tendrás que aprender y aplicar técnicas que te ayuden a enfrentarte a las situaciones que te la produzcan, especialmente las que estén relacionadas con la educación de tu hijo.

Dejarse llevar por emociones como la ira y hacerlo con demasiada frecuencia suele generar una dinámica familiar caracterizada por una *escalada agresiva* en la que cada miembro de la familia va subiendo un poco más en intensidad y que si se mantiene en el tiempo convierte la dinámica familiar en una constante lucha por imponer cada uno su criterio. En general, viene a ser algo así:

Los padres dan una orden al niño.

↓

El niño no obedece.

↓

Los padres suben el tono.

↓

El niño no obedece y grita.

Los padres amenazan, chantajean y forcejean.

El niño sigue sin obedecer y responde imitando, agrede a los padres.

Los padres se retiran y el niño no cumple el límite.

Esta escalada termina con un padre que se siente impotente para controlar la situación y un hijo que descubre que la agresividad es válida para obtener lo que quiere. Ambas emociones propician que cualquier conflicto se enfrente desde la agresión al otro, y el riesgo está en que el niño pruebe esta forma de solución en otros ámbitos de su vida, como la escuela, con los amigos, en el entrenamiento...

El enfado es una emoción que padres e hijos tienen en su repertorio de respuestas. El problema es que sea la emoción que domine las relaciones familiares.

Capítulo 2

El debate de la autoridad

El médico de familia británico Ronald Gibson comenzó una conferencia citando cuatro frases:

1. «Nuestra juventud gusta del lujo y es maleducada, no hace caso a las autoridades y no tiene el menor respeto por los de mayor edad. Nuestros hijos hoy son unos verdaderos tiranos. Ellos no se ponen de pie cuando una persona anciana entra. Responden a sus padres y son simplemente malos».

2. «Ya no tengo ninguna esperanza en el futuro de nuestro país si la juventud de hoy toma mañana el poder, porque esa juventud es insoportable, desenfrenada, simplemente horrible».

3. «Nuestro mundo llegó a su punto crítico. Los hijos ya no escuchan a sus padres. El fin del mundo no puede estar muy lejos».

4. «Esta juventud está malograda hasta el fondo del corazón. Los jóvenes son malhechores y ociosos. Ellos jamás serán como la juventud de antes. La

juventud de hoy no será capaz de mantener nuestra cultura».

Después de enunciar las cuatro citas el doctor Gibson observó que gran parte de la concurrencia aprobaba cada una de las frases. Aguardó unos instantes a que se acallaran los murmullos de la gente, que comentaba las citas, y entonces reveló el origen de las frases:

1. La primera frase es de Sócrates (470-399 aC).
2. La segunda es de Hesíodo (720 aC).
3. La tercera es de un sacerdote (2000 aC).
4. La cuarta estaba escrita en un vaso de arcilla descubierto en las ruinas de Babilonia (actual Irak) y con más de cuatro mil años de existencia.

Y ante la perplejidad de los asistentes concluyó diciéndoles: «Señoras madres y señores padres de familia, RELÁJENSE, QUE LA COSA SIEMPRE HA SIDO ASÍ...».

Cuando los padres escuchan estas citas entienden que el debate sobre la autoridad y lo que repercute en los hijos no es algo nuevo. Sí lo es el planteamiento que sobre ella tiene que hacerse cada persona cuando se convierte en padre, y por tanto en depositario de autoridad sobre sus hijos.

LA AUTORIDAD EN EL CONTEXTO ACTUAL

Es cierto que educar hoy es distinto de otras etapas de la historia. Son muchos los cambios que socialmente se han producido y además en muy poco tiempo. Los padres, como cualquiera que se enfrenta a situaciones nuevas, sienten mucha incertidumbre, ese sentimiento que hace tambalear la consistencia y firmeza básicas en la instauración de los límites. En el tema que nos ocupa parece interesante pararse a describir no tanto los cambios como las sensaciones que provocan. Tres están muy presentes a la hora de educar:

- El miedo a hacerlo mal.
- La falta de tiempo y el sentimiento de culpa que genera.
- El estrés, la tensión y la ansiedad.

Son los mismos padres los que definen las razones que los llevan a sentirse así. Algunas de las más frecuentes son:

- «Nos asusta defraudarlos».
- «No sabemos o no queremos decir NO».
- «No queremos frustrarlos... Ya sufrirán cuando sean mayores».
- «Compensamos la falta de tiempo y dedicación con una actitud indulgente y permisiva».
- «Tenemos miedo al conflicto, a malas caras, a la rabieta, a no saber qué hacer...».
- «Nos parece que actuamos con egoísmo si imponemos normas que nos faciliten la vida».
- «Sentimos que no tenemos suficientes energías».
- «Tenemos opiniones distintas sobre una misma situación y desacreditamos el juicio del otro progenitor».

Por desgracia la suma de la sensación de incerti-dumbre con los pensamientos descritos más arriba se traduce en: «No sé qué hacer con mi hijo», aunque el niño tenga 3 años y las rabietas formen parte de su desarrollo evolutivo.

Como consecuencia de todo lo anterior y por el sentimiento de culpa que genera, se establece una diná-mica familiar marcada por comportamientos indulgentes hacia los niños que desarrolla una actitud de exigencia e incluso tiranía en los hijos. En esta situación es nece-sario parar y recuperar el planteamiento de que SER PADRES es una de las tareas más gratificantes de esta vida, aun-que dé muchos quebraderos de cabeza.

¿ESTABLECER NORMAS ES LO MISMO QUE SER AUTORITARIO?

La autoridad se les adjudica a los padres desde el mo-mento en que lo son, pero para que funcione es el niño quien tiene que reconocérsela. Al día de hoy conseguir-lo genera mucha polémica.

A veces se confunde ser firme con un autoritarismo mal entendido, poner consecuencias con chantajear, o uti-lizar un tono seguro con agredir verbalmente al niño.

Veremos más adelante cómo evitar que lo anterior se produzca, porque el ejercicio de una «autoridad posi-tiva» —que así la definiremos— es incompatible con gri-tos o amenazas, mucho menos con insultos o degrada-ciones, y las consecuencias son la forma de aprender que nuestro comportamiento ejerce cambios tanto en el ambiente como en las personas que nos rodean.

Lo cierto es que ninguno nacimos sabiendo qué se puede o no hacer, qué es lo adecuado o inadecuado y, sobre todo, aunque ahora no lo recordemos, también nos tocó aprender las consecuencias que tiene para el otro el comportamiento que llevamos a cabo. Y no lo recordamos porque asimilar todo lo que acabamos de mencionar supuso un aprendizaje lento y constante del que nuestros progenitores se encargaron. Si hacemos memoria nos acordaremos de situaciones como: «Cuando seas papá comprenderás de qué hablo», «Mi padre con la mirada ya me anunciaba lo que había que hacer, no le hacía falta gritar» o «Mi madre decía "¡a callar!", y allí no se oía ni una mosca».

Pero no sólo en casa se producían estos aprendizajes: «Tenía un profesor que cuando entraba en clase todos bajábamos el tono y no nos movíamos de la silla», «Mi abuelo era un hombre genial, pero cuando me regañaba, me temblaba hasta el último pelo de la cabeza».

Todas estas experiencias nos han enseñado qué se puede hacer o no hacer. En definitiva, nos cuentan que para convivir y hacerlo adecuadamente hay que cumplir con unas normas que nos benefician a todos, porque nos ayudan a funcionar. Mantenerse en silencio cuando habla el profesor educa el autocontrol, de forma que cuando vamos al cine o a cenar fuera o jugamos al juego en grupo puedes quedarte callado y atento.

Intentemos retomar aquellas situaciones para definir qué hacía que respetáramos la autoridad de aquellas personas y rescatémoslas siempre bajo la óptica de la «autoridad positiva». Esto es, sin infundir temor a base de amenazas y castigos indiscriminados, sin imponer nuestra voluntad a toda costa, escuchando lo que dice el niño para darnos la opción de llegar a un acuerdo que respete su opinión, para que vivan la autoridad como un referente de cómo mandar y la ejerzan el día de mañana de una manera justa.

EJERCER UNA «AUTORIDAD POSITIVA»

Nos ha costado tiempo darnos cuenta de que los padres que ejercen su autoridad, cumplen con sus responsabilidades y exigen que los hijos asuman las suyas. Lo hacen sin complejos porque entienden que eso no los hace injustos, ni autoritarios, sino que forma parte de su papel de padres. «Entiendo que quieras irte con tus amigos, pero sólo lo podrás hacer cuando hayas acabado de estudiar». Sirva este argumento para iniciar la reflexión que lleve a describir las actitudes necesarias para ejercer una «autoridad positiva». Así que describamos esas actitudes:

Normas claras: cuanto más concretas mejor. Olvídate de decir: «Pórtate bien, sé bueno», para empezar a contarle: «Quédate sentado en la mesa hasta que acabemos de comer», «Al llegar a casa lleva la mochila a tu habitación», «Recoge cuando acabes de jugar».

Consigue que en casa las *normas se vivan como justas.* Esto es, ten en cuenta las necesidades del niño y no sólo las tuyas. Cambia el «¡porque lo digo yo!» —no parece una razón de peso por muy protestón que sea el niño— por «si no mañana tendrás sueño en el colegio». Convencerá al niño en vez de intimidarlo. Esto tiene mucho que ver con dar coherencia. No parece muy creíble que pidamos al niño que se coma todo lo que le sirven en el plato si nosotros nos dejamos/separamos lo que no nos gusta o que le pidamos que deje de gritar dando voces. *Ser coherente* nos hace creíbles, respetables y, por tanto, nos imprime autoridad.

Y cuando se saltan las normas... *anuncia y cumple consecuencias:* «Si te levantas de la mesa, entenderé que has terminado y no volverás a tomar nada hasta la próxima comida». O, lo que es todavía mejor, esfuérzate por anunciárselo en positivo: «Me encanta que estés sentado así, puedo escucharte y al final elegirás tú el postre».

Sé sensible a los cambios, las situaciones y el momento del niño y en función de estas variables *modifica o negocia los límites:* «Podrás volver media hora más tarde los viernes y el sábado siempre que el resto de la semana cumplas con tu horario».

Introduce la excepción a la norma. Una vez que el niño ya conoce y cumple los límites, es el momento de que aparezcan. ¿Por qué no ver la tele cenando los viernes si es capaz de acostarse todos los días a su hora y come sin ver dibujos? Las excepciones son divertidas cuando rompen la monotonía. Proporciónaselas al niño, pero recuerda que te pedirá hacerlo todos los días y tendrás que mantenerte. Le estás enseñando cómo y cuándo saltarse las normas, y eso también tiene que aprenderlo.

«No te hagas el tonto» cuando llega el momento de *reconocer el esfuerzo* del niño. Es más, busca cómo premiarlo: «Elige adónde vamos este sábado; has cumplido todos los días tu tiempo de estudio sin que nadie te lo recuerde». Claro que preferirías que aprobara las cuatro asignaturas que ha suspendido, pero los autoritarios suelen contar algo así como: «Es su obligación, no tengo que premiarlo por hacer lo que le corresponde», sin darse cuenta de que el que premia el esfuerzo da el primer paso para conseguir los tan apreciados aprobados.

¿A quién no le son familiares las eternas y recurrentes charlas con sus: «Es la última vez que me toreas, pero tú qué te has creído, aquí se hace lo que yo digo y cuando tengas tu casa ya decidirás, y no digas ni mu que te conozco. Después de lo que has hecho... No tienes derecho a pedir ni agua en esta casa»? Seguro que alguno también recuerda cómo, mientras aguantaba el chaparrón, iba pensando adónde iba a ir esa tarde, con quién iba a quedar o cómo se iba a vestir. Porque *los sermones no valen para nada*, a no ser que sean cortos (y entonces ya no son sermones).

Todos los padres en algún momento se desesperan y gritan o son en exceso severos con las consecuencias. Mientras ésta sea una excepción y no la regla, el niño entiende que «papá hoy está más cansado, mamá hoy está más enfadada». Claro que para llegar a esta conclusión, tiene que escuchar a sus padres pedir perdón: «Lo siento, venía muy cansado y lo he pagado contigo». *Admitir los errores propios* es una característica de la «autoridad positiva», porque el niño entiende que de los errores también se aprende y equivocarnos nos hace más iguales.

Guiarlos no significa resolver sus problemas ni hacer sus tareas. La familia es un equipo donde cada uno tiene sus obligaciones. Cumplirlas los hace autónomos porque empiezan y terminan sus tareas y lo hacen solos. Cuando no saben resolver y sólo después de que lo hayan intentado, es cuando cabe la ayuda de los padres: «No te preocupes, vamos a empezar juntos y lo que no te salga, yo te ayudo». *Permitir que se equivoquen* sin dejarlos solos es un equilibrio difícil de mantener, pero fundamental para su desarrollo.

De este equilibrio nace en el niño la percepción de que el amor de sus padres es incondicional: «Mis padres me quieren, haga lo que haga. Aunque berree o sea desordenado, aunque me pelee o coma mal. Aunque me equivoque, ellos siempre están ahí». Por eso la firmeza no está reñida con el cariño; es más, lo favorece. «Mis padres me quieren porque se preocupan por mí», dicen los que viven en un ambiente que les permite equivocarse, les exigen que cumplan con sus responsabilidades y les transmiten apoyo y amor.

Utiliza el humor como mejor arma para distender el conflicto y luchar contra la agresividad. Si te ríes, no puedes encenderte y por eso el humor que genera sonrisas es una solución perfecta para aprender cómo resolver conflictos. Es algo así como transmitirles: «Las cosas tienen la importancia que tú les des». Eso sí, ríete de la situación y nunca del niño. «Ja, ja, ja, vaya roto tienen los pantalones», dice una madre a su hijo tras caerse del patín que está empezando a utilizar, y consigue que el niño se ría con ella en lugar de cogerle miedo a volver a subirse.

Cuando aplicamos este estilo de autoridad, los niños se vuelven cooperativos, responsables, asumen las consecuencias de sus actos, respetan las reglas y confían en sí mismos y en sus capacidades.

Las consecuencias de vivir una autoridad positiva

En un ambiente familiar en el que los padres:

- Están atentos a las necesidades e intereses del niño: «Es hora de irse a la cama o mañana estarás cansado para funcionar todo el día».
- Saben que se equivocan. Por eso entienden y permiten que sus hijos lo hagan, porque saben que estimulan la capacidad de tomar decisiones: «Entiendo que estés cansado después de todo el fin de semana y por eso has decidido hacer los deberes ahora. La próxima semana prueba a hacerlos el sábado por la mañana».
- Hablan de sus emociones, en especial cuando están provocadas por el comportamiento de los niños: «Me encantan tus besos cuando me das los buenos días», «Me enfado cuando tengo que repetirte que recojas».
- No tienen miedo al conflicto que viven como parte de la convivencia: «Cuando dejes de llorar, te atenderé».

- Explican las consecuencias y las cumplen: «Si tardas en comer, tendremos menos tiempo para leer juntos el cuento de después». «¡Genial! Enhorabuena, has terminado tan rápido que podemos dedicar un rato a jugar con lo que elijas».
- Están presentes cuando su ayuda es necesaria y se retiran cuando no se les reclama: «Intenta hacerlo tú y si no puedes, te ayudo».
- Distribuyen responsabilidades y tareas familiares: «Poner/recoger la mesa entre todos», «Cada uno prepara su pijama antes del baño», y están especialmente pendientes de señalar los comportamientos que son adecuados e ignorar los inadecuados.

Los niños aprenden:
- Que las normas ayudan a funcionar y nos hacen más agradable la convivencia, «porque es lo que ocurre en mi casa». Todos colaboran para que esto sea así, entonces descubren los beneficios de trabajar en equipo y colaborar.
- A ser responsables de sus actos: «Lo que yo hago provoca que en mi familia se enfaden, se alegren, se entusiasmen o se peleen».
- A ser emprendedores y a confiar en sus capacidades para superar y solucionar dificultades: «Si me esfuerzo, soy capaz de hacer muchas cosas y si necesito ayuda, la pediré».
- A ser alegres y emocionalmente estables: «Me siento seguro en casa, mis padres me protegen y me quieren».

Todas las cuestiones que acabamos de ver deberían ser razones de suficiente peso como para plantearnos la importancia de esforzarse para ejercer una «autoridad positiva».

Hay que guiar la conducta de los niños y son los

Autoridad positiva

- Pone normas claras y justas.
- Introduce la excepción a la norma.
- Es coherente entre lo que pide y lo que hace.
- Anuncia y cumple las consecuencias.
- Modifica o negocia los límites.
- Reconoce el esfuerzo.
- No utiliza sermones.
- Admite los errores propios.
- Permite que se equivoquen.
- Utiliza el humor.

padres los encargados de hacerlo para que reconozcan una «autoridad positiva», y no existe mejor fórmula que poner consecuencias y cumplirlas.

Los enemigos de la «autoridad positiva»

Queda claro lo que hay que hacer, pero también hay que reflexionar acerca de los comportamientos que nos quitan autoridad y los dañinos abusos de autoridad.

¡Ojo! No siempre tenemos la misma paciencia o el mismo aguante. Y hay épocas de nuestra vida en las que estamos más nerviosos y en las que nos será fácil reconocer algunos de los comportamientos que verás descritos. Es normal. Educar lleva implícito equivocarse. Sólo si repites de manera continuada en el tiempo y con mucha frecuencia estos comportamientos tienes que plantearte cambiarlos para evitar las negativas consecuencias que trae.

Antes de empezar a describir conviene recordar que los niños creen que lo que pasa en su casa es lo que pasa en todas las casas. Así: «Si mi padre grita continuamente para regañarme, es que así regañan todos los padres del mundo» o «Si cuando lloro mamá viene corriendo a resolver lo que me ocurre, es que todas las madres del mundo funcionan igual». Por eso es importante transmitir una «autoridad positiva», porque entenderán que es la autoridad que ejerce todo el mundo.

Hablamos de estilos de autoridad para referirnos a una forma de actuar más o menos estable y estructurada. El estilo de nuestros padres marcará el nuestro; haber crecido con padres situados en alguno de estos dos extremos lleva a educar de manera similar a los hijos. Porque se repite lo que se aprende y es realmente difícil hacer las cosas de manera distinta, si las experiencias de la vida no facilitan modelos que nos lo enseñen.

El permisivo

En primer lugar aparecen los que todo lo permiten, los que hacen todo lo necesario para evitar «sufrimiento al niño». Se trata de esos padres que dan la sensación de no tener fuerza, de ser muy «suaves», de que están permanentemente pendientes de lo que necesiten sus hijos para solventarlo.

Tanta dedicación y tan exclusiva confunde al niño que crece pensando que todo el mundo tiene que estar pendiente de lo que quiera y dárselo tan instantáneamente como hacen en su casa: «Quiero jugar ahora», y allá van los padres abandonando cualquier otra tarea que estuvieran haciendo.

Con este estilo de autoridad es difícil establecer consecuencias. Los niños protestan y suelen hacerlo llorando, al menos al principio. Así, por mucho que se proponga no bajarlo al parque, en cuanto echa las primeras lágrimas y jura no volver a contestar mal, conseguirá convencerlos porque «me ha prometido que no volverá a hacerlo».

Con las normas pasa lo mismo. Hoy hay que recoger antes de bañarse, pero mañana con un «lo hago después, te lo prometo» bastará para que acaben ordenando los padres cuando el niño se ha acostado. Y no es que no haya normas, es que éstas las pone el niño y es él también quien decide si se cumplen o no las consecuencias.

En muchos casos estos padres avalan su actuación amparados en filosofías que surgen como reacción al autoritarismo, todas ellas muy válidas y respetables, que intentan llevar a cabo con sus hijos sin tener en cuenta que en la base de todas ellas está la desestructuración de un ordenamiento necesario para el niño. El niño necesita hábitos y rutinas, normas y límites y, por supuesto, saber que lo quieren para crecer y desarrollarse feliz. Sólo esto le permite posteriormente hacer su propia elección y desarrollar su filosofía de vida, como sus padres lo han tenido previamente.

Muchos de estos padres no quieren dar órdenes a sus hijos; otros no permiten que llore y antes de que abra la boca ya están consolándolos; para otros es fundamental que elijan según su voluntad desde que nacen; están asimismo los que dan explicaciones eternas a un niño incapaz de atender tanto tiempo; los que negocian cuando su hijo todavía no puede optar entre dos alternativas...

Estos comportamientos antes de tiempo desadaptan. Todos tienen que aparecer en el ámbito familiar, pero cuando el niño haya desarrollado las capacidades necesarias para entenderlo y, en consecuencia, aprovecharlo. El error de educar así no está en que la intención y filosofía no sean adecuadas, sino en que se intentan aplicar en un momento en que el niño no está preparado evolutivamente para entenderlo.

El autoritario

El otro estilo de autoridad nos resulta más familiar, porque en mayor o menor medida hemos sufrido las características de este perfil. Es el autoritario.

Como veremos, educar en el autoritarismo genera adultos con muchos miedos. Y el miedo es lo que les mueve en su actitud; temen no poder controlar la situación porque sus hijos le rebatan sus criterios y eso los lleve a dejar de cumplir sus órdenes.

El autoritario no tiene habilidades para negociar y sabe que el ejercicio de su papel procede del miedo que provoca en los demás.

Ser inflexible y rígido con las normas es otra característica y evidentemente generar miedo en el otro a base de gritos y amenazas es su método. Lo más probable es que el niño aprenda que eso es lo que tiene que hacer si pretende conseguir lo que quiere. Como en este funcionamiento no cabe escuchar al otro, o equivocarse, o ser criticado, los hijos, por toda explicación a lo que tienen que hacer, escucharán: «Porque yo lo digo», «Esto es así y punto», «¿Tú qué tienes que decir? Estás mejor calladito» o «Trae, que si yo no lo hago, en esta casa no se hace nada». Es decir, las cosas se imponen y sólo si está el adulto delante tengo que llevarlas a cabo. Estos niños serán miedosos, todo les producirá ansiedad y no serán capaces de cumplir con la norma porque sea justa, sino porque viene impuesta de fuera.

El colega

Un padre no es un colega. De las frases que deberían llevar a reflexionar acerca de la necesidad de cambiar el estilo de autoridad, ésta es la más generalizada. Lo que decimos es la manifestación de lo que pensamos, y hay que transmitir a nuestros hijos que somos capaces de convertirnos en su referente de autoridad. La frase «Mi hijo y yo somos sobre todo amigos, nos lo contamos todo» no ayuda a conseguirlo.

Un niño tendrá muchos amigos, colegas, conocidos e incluso familiares, pero los padres son únicos. Por eso, la relación a establecer con ellos tiene que ser distinta de las demás. «¿Tengo que ser un sargento?», preguntaba un padre en consulta... A veces te tocará serlo; otras serás el mejor confidente; otras el más divertido de los amigos; otras el personaje más odiado; y muchas el referente que imitarán a la hora de construir su vida.

Uno de estos padres protestaba del trato que recibía de su hijo. Al pedirle que contara cómo le daba una orden, puso este ejemplo: «Amigo, te he dicho que dejes de hacer eso...». Y luego, cuando el niño replicaba: «Amigo, eres un pesado», el padre tiene que recurrir al viejo estilo de: «Yo no soy tu amigo, soy tu padre». Resulta un tanto incoherente eso de pedir al niño que no haga lo que nosotros hacemos con él.

No poner límites, tener muchos o ser muy rígido con las normas son grandes errores que se cometen cuando el estilo de autoridad es demasiado laxo o severo.

Capítulo 3

Cuándo empieza a obedecer

La madre de un niño de 7 meses contaba que no podía estar en un bar tomando algo con su hijo, ni hacer las tareas de casa porque se ponía a llorar desconsoladamente con unos berrinches impresionantes. Siempre quería estar en brazos... Se preguntaba:

¿CUÁNDO TENGO QUE EMPEZAR A PONER LÍMITES A MI HIJO?

La respuesta sería: desde siempre. A los niños hay que ponerles límites desde que nacen; se trata de un proceso paulatino de aprendizaje. Cada edad necesita de unos límites, diferentes y adaptados a cada niño. Son necesarios para su crecimiento. A través de ellos aprenden a comportarse. A saber hasta dónde pueden llegar, qué pueden hacer y qué no.

Antes del año las normas girarán en torno a los hábitos que va adquiriendo el niño, como la alimentación, el sueño y su seguridad. Por ejemplo, quizá te pases medio día diciéndole: «Eso no se toca», «No». Y aunque no entienda lo que le dices, captará tu tono de voz. Por eso hay que ponerle mucho énfasis a las órdenes, puedes ensayarlo varias veces antes. Utiliza un «no rotundo» (ojo, no gritando, sino firme y serio) y el «sí fehaciente» para señalar lo que quieres que haga.

A partir del año es un explorador casi al estilo *boy scout.* Si hasta este momento te habías pasado medio día diciéndole «eso no se toca», a partir de ahora te pasarás el día entero. La paciencia tendrá que ser tu mejor aliada y cuando te desesperes recuerda: no sabe qué puede y no puede hacer, así que tendrás que repetírselo insistentemente. Está aprendiendo y esto lleva su tiempo.

Cuando le digas: «No toques el enchufe», se irá hacia donde está. Llamando tu atención se girará y te mirará con carita de: «¿Seguro que no puedo tocarlo?». Mantenerte en el no firme te ayudará a que aprenda que realmente *no es no.*

Entre el año y medio y los 2 años las normas ya pueden incluir otras palabras además del sí o no. Entiende órdenes simples, es decir las formadas por dos o tres palabras. Si añades muchas más, no podrá deducir lo que le pides. Recoge, trae, coge, ponte de pie, cierra... son ejemplos de palabras que entenderá a esta edad.

Entre los 2 y los 3 años es el periodo conocido como la «edad del no» y de las temidas rabietas. Es habitual a esta edad oírle con mucha frecuencia el «yo solito». Es la época en que la necesidad de autonomía lo lleva a intentar hacerlo todo por su cuenta. Además acaba de aprender que no tiene que hacer lo que tú le pidas, porque con un «no» puede conseguir zafarse de esas tareas. Mantenerte firme y utilizar algunas de las estrategias que más adelante te contamos te ayudará a superar con éxito esta etapa y el pequeño integrará las normas... Habrás adelantado mucho para conseguir que tu hijo te obedezca, no sólo ahora, sino a lo largo de toda su infancia/adolescencia.

A partir de los 3 años toman especial relevancia las consecuencias que pongas a su conducta. Leerás más adelante cómo utilizándolas puedes conseguir aumentar o disminuir los comportamientos de tu hijo. Es el momento idóneo para acostumbrarte a enseñarle mediante consecuencias y evitar errores ineficaces, como los regaños interminables o las generalizaciones del tipo: «Vas a ser bueno, vas a obedecernos», «Nos vas a hacer caso», «No lo volverás a hacer», que, además de aburrir al niño, no tienen otra utilidad.

Establece las normas en función de su edad y sus capacidades. No le pidas que ponga la mesa, pero sí que lleve su plato. Asegúrate de que se cumplen consecuencias tanto cuando cumple como cuando incumple límites. «Me has sorprendido, ¡qué mayor eres! Pero si ya llevas tu plato solito», «Cuando lleves el plato a la mesa, empezarás a cenar».

Es habitual que *entre los 4-5 años* tu hijo pase por etapas de desobediencia. Mantenerte firme y ser constante en la aplicación de consecuencias te ayudará a superar con éxito este periodo, y no sólo eso, sino que será un gran momento para que tu hijo interiorice las normas y las convierta en hábito.

Si tu hijo con 5 años recoge con tu ayuda la habitación o los juegos tras una divertida sesión de ocio, aunque aún tengas que decírselo siempre que hay que hacerlo, las probabilidades de que el día de mañana mantenga el orden sin que nadie le diga nada serán muy altas.

La madre de Diego se planteó: «Siempre se lo tengo que repetir... ya debería hacerlo él solo sin que yo le diga: Diego, recoge». Todavía no ha llegado el momento de que tu hijo te obedezca sin que tú se lo digas. Ahora hay que recordárselo, acompañarlo y ayudarle. Sólo así llegará el día en que te sorprenda..., aunque luego en la adolescencia haya, de vez en cuando, que repetírselo.

A partir de los 6 años, si has puesto normas anteriormente y has sido consecuente, comienza un periodo más tranquilo en el que las rabietas y rachas de desobediencia disminuyen y están más espaciadas en el tiempo. Y si no lo has hecho, probablemente empezarás a pensar que tienes un pequeño tirano en casa. Nunca es tarde para hacerlo, aunque el esfuerzo será un poco mayor.

También, a partir de este momento, si tu hijo entiende los límites o normas que hay en casa y los respeta, aumenta la probabilidad de que observe los límites en otros ambientes (en casa de los abuelos, tíos, amigos, en el colegio...). Además ha llegado el momento en el que piden hacer excepciones con normas y utilizan su recién estrenado dominio del lenguaje para argumentarlo. Son sus primeras opiniones y hay que escucharlas. A partir de ahora te pedirá negociar: «Me baño mañana por la mañana», «Voy a casa de Javi por un juego y luego termino los deberes», «¿Puedo ver hoy la tele mientras ceno?».

Si has sido firme anteriormente, estás recogiendo frutos; tu hijo empieza a marcarse y cumplir sus propios límites. En realidad, no permitir que recoja un juego antes de estudiar, si normalmente cumple su horario de estudio, es un poco intransigente, ¿no?

A partir de ahora las negociaciones y los acuerdos marcarán las normas. Hacerlo entrena a padres e hijos en lo que debería ser la pauta de gestión de la convivencia durante la adolescencia del niño.

Leerás muchas veces en este libro que un niño sin límites es un niño que siempre quiere más, que nunca tiene suficiente. Y las conductas de un adolescente que nunca ha tenido límites son las mismas, pero con más capacidad para hacerlo así: llegará a la hora que quiera a casa, se levantará cuando le dé la gana, tendrá su habitación hecha una leonera... y será más difícil que comprenda que no puede hacer lo que desee en todo momento.

Una madre contaba cómo un día estaba esperando a que su hijo dejara de llorar en el vestuario de la piscina porque el pequeño había decidido no vestirse. La madre se disculpó con otras personas presentes por los llantos del niño. Otra madre de un chaval de 17 años se afanó a contestarle: «No te preocupes, si yo hubiese hecho eso a esta edad, ahora no tendría ni la mitad de los problemas que tengo».

Pues bien, cuanto más pequeño sea tu hijo menos te constará ponerle límites y a él aprenderlos.

El aprendizaje de las normas se realiza de forma progresiva. Esto no significa que si lo aprendió con 3 años vaya a ser un niño ejemplar con 8, sino que, aun protestando, será más fácil que entienda el beneficio de respetarlas.

¿Son agresivos los niños?

Esto preguntaban unos padres preocupados por las rabietas, comportamientos disruptivos, rachas de desobediencia, palabrotas... que manifestaba su hijo.

Los niños no son agresivos, pero sí pasan por etapas donde están muy presentes determinadas conductas agresivas, todas ellas dentro de su desarrollo. La siguiente tabla te las muestra. Conocerlas da tranquilidad, pero la normalidad de éstas no significa que haya que quedarse de brazos cruzados. Tu actitud será determinante para que el número de veces en las que aparecen y la intensidad se vean reducidos. Hay que recordar que forman parte de su desarrollo, porque cuando están guiadas por consecuencias, constituyen la base del aprendizaje de capacidades como la tolerancia a la frustración, habilidades de comunicación y relación, solución de problemas y todas las que irás conociendo tras la lectura de este libro.

Edad	¿Qué hacen?	¿Por qué lo hacen?	¿Para qué lo hacen?
0-1 años	Llorar.	Manifestar sus necesidades básicas (sueño, hambre, dolor, aburrimiento...).	Reducir la tensión.
2-3 años	Rabietas.	No saben expresarse de otra manera. Conflictos con la autoridad. Edad «del no» y «del yo solito».	Necesidad de autonomía.
4-5 años	Desobediencia, peleas y rabietas (menos intensas).	Por frustración.	Integrar y asimilar las normas.
6-7 años	Peleas físicas y verbales. Manifiestan ira hacia algún hermano. Competitividad.	Rebeldía contra la norma (asimilación de normas morales).	Adaptarse socialmente y control de los sentimientos.
7-14 años	Estallidos de ira. Aparente rechazo a lo familiar.	Por el fuerte sentimiento de justicia, defensa de derechos desde su perspectiva. Búsqueda de un grupo de referencia e identificación y diferenciación de los padres.	Autocontrol, autonomía, independencia y autoestima.

Es otra pregunta recurrente entre los padres. En la siguiente tabla aparece lo que es capaz de entender tu hijo según la edad que tenga. Recuerda que es orientativo. Es más, trabajar con niños lleva a la conclusión de que seguramente ellos entienden mucho más de lo que creemos.

	Comprensión	Expresión
1 año	Toma, da. No, sí. Adiós. Bravo.	Cinco palabras.
15 meses	Hermanos y hermanas. Objetos diversos.	Jerga.
18 meses	Órdenes (recoge, va a buscar, cierra, sentado, de pie...). Numerosos objetos.	Diez-doce palabras. Nombra la imagen.
24 meses	Escucha una historia. Vestimentas (partes del cuerpo).	Cien palabras. Comienzo de frases. Dice «No, yo solo».
30 meses	Objetos usuales. Órdenes simples. Partes del cuerpo, vestimentas.	Palabras con artículos. Verbos. Tiempos verbales incorrectos.
3 años	Colores. Dónde está. ¿Por qué? Arriba, abajo. Grande, pequeño.	Dice su sexo. Tiempo de los verbos.
4 años	Ayer, mañana. Igual no igual. Cuándo (duración). Cómo.	Dice su nombre. Edad. Frases constituidas.
6 años	Orden lógico. Colores, espesores, dimensiones.	Sabe dirección, teléfono. Vocabulario extenso. Lenguaje correcto.

«Es tan pequeño», «Se va a caer», «Eso... cuando crezca», «¿Mi hijo puede hacer eso?». La siguiente tabla cuenta lo que en líneas generales el niño es capaz de hacer según la edad que tenga. Ninguno es igual a otro, por eso se trata sólo de una orientación general.

1 año	Conoce el plato, el abrigo, los zapatos.
15 meses	Realiza gestos adaptados, acción de vestirse, bebe solo del vaso, garabatea, muestra con el dedo lo que hace.
18 meses	Participa cuando le visten, pasa las páginas del libro, come solo, se busca detrás del espejo.
21 meses	Abre la puerta, enciende la luz, se aproxima a trepar.
24 meses	Da patadas (balón), se quita el zapato.
30 meses	Participa activamente en el vestido, utiliza el tenedor.
3 años	Se desviste con ayuda, comienza a vestirse, se desabotona (botones grandes), se desata los zapatos, se lava las manos, viste a un muñeco, come bien solo.
4 años	Se lava la cara, vuelca, comienza a anudarse los zapatos.
5 años	Es independiente para ir al WC, se hace el nudo del zapato solo, se peina, bebe con una pajita.
6 años	Se abotona todos los botones, puede lavarse solo, corta la carne.
7 años	Puede hacer recados simples, abrir con llave, telefonear.

Los límites hay que adecuarlos a la edad del niño, a la capacidad de cada pequeño, a sus características personales, para que constituyan su fuente de aprendizaje de multitud de capacidades. Pero son imprescindibles para llegar a ser un adulto responsable y ninguna de las razones expuestas al principio del epígrafe puede servir de excusa para no ponerlos en cada familia.

Capítulo 4

Razones por las que tienen que hacer caso

«Si mis padres no me ponen hora de llegar a casa, es porque no les importo». Curiosa frase de un adolescente que deja clara la necesidad que tienen los niños de que se les marque qué pueden o no hacer.

Una madre de dos adolescentes, a la pregunta de ¿por qué crees que te hacen caso tus hijos?, nos contestaba: «Porque la norma es justa. Yo he intentado que sea así con mis hijos, esto no significa que no haya tenido que usar el típico "porque lo digo yo" ni que siempre hayan hecho caso a la primera, pero haciendo un ejercicio de paciencia y usando el sentido común no nos ha ido mal. Creo que una de las claves fue entender que decir "no" y mantenerlo no tenía que hacerme sentir culpable. Hoy, ya adultos los veo funcionar y me sorprende gratamente el resultado de aquel esfuerzo».

Si establecemos un *ranking* con el *top ten* de las razones por las que tienen que tener normas y cumplirlas, no podría faltar ninguna de las que te contamos a continuación:

EN EL NÚMERO UNO: *porque aprende qué se puede y qué no se puede hacer.* La píldora mágica no existe y no nacen sabiendo qué «está bien y qué no». Eso sí, nacen con todo el potencial para aprenderlo, siempre y cuando alguien se lo enseñe.

El aprendizaje de lo adecuado/inadecuado no viene de serie, y es tarea principalmente de los padres que lo incluyan entre sus prestaciones para funcionar en su vida adulta. Como en los coches, sin la prestación podrá funcionar (o no), pero se pasará mucho tiempo en el taller.

Cuando los padres ponen límites a sus hijos, les muestran referencias que los ayudan a tener claros determinados criterios sobre las cosas. «Mi padre dice que eso no se puede hacer», responde un niño de 4 años a un amigo que lo insta a robar una chuchería al compañero de pupitre en el colegio. Cuando se educa con normas, estos comentarios indican que el niño establecerá su escala de valores y el respeto por los otros será uno de ellos.

Carla tiene 5 años y es alérgica a los frutos secos. Desde pequeña sus padres le han transmitido las imposibilidad de comerlos y las consecuencias que tendría para ella. Hasta que empezó el colegio sus padres se ocuparon de que no los tomara y luego tuvieron que confiar en que la propia Carla se encargara de evitarlos. La niña siempre pregunta si lo que va a comer tiene frutos secos y nunca los ha probado, aunque aparezcan en forma de atractivas chucherías. Y lo más curioso es que Carla nunca ha sufrido conscientemente las consecuencias de comer frutos secos. Este ejemplo es muy útil para entender cómo una norma —«No puedes comer frutos secos»— se integra y se respeta. Claro que no es necesario ser alérgico a algo para aprender a respetar los límites, pero el caso de Carla pone de manifiesto que los niños son capaces de asimilarlos y ponerlos en práctica. Siempre que alguien los guíe en el aprendizaje.

EN EL NÚMERO DOS: *porque los límites los hacen sentirse seguros y protegidos*. Se elimina la incertidumbre de: «¿Qué tengo que hacer ahora, qué se espera que haga?», y al niño le da la sensación de que, si no sabe, papá y mamá lo ayudarán a resolverlo. «Ellos son mis superhéroes preferidos porque lo pueden todo», contaba un pequeño cuando le pidieron elegir uno.

En otra ocasión la pregunta fue: «¿Por qué crees que tus padres te quieren?», y una niña de 7 años fue muy gráfica contestando: «Porque por mucho que grite y patalee no me echan de casa». Los niños se sienten protegidos en la medida que somos firmes y convincentes.

Sin incertidumbre no hay ansiedad; con seguridad el niño siente que cumplir la norma es lo mejor para él, por eso es tan importante que el límite sea justo.

EN EL NÚMERO TRES: *porque es la mejor vacuna contra la ansiedad o la agresividad*. Poner límites es decir al niño: «Hasta aquí puedes, más allá NO». Un NO con mayúsculas, sin complejos y seguros de que le estamos enseñando a frustrarse. Porque aprender a renunciar a sus deseos lo entrena en tolerar la frustración: «Vaya, no ha sido mi mejor partido, tengo que esforzarme más en los entrenamientos si quiero mejorar», piensa un niño que ha tenido experiencias en casa donde se ha equivocado, ha esperado o le han dicho que no. Es decir: «Mejorar depende de mi esfuerzo». «Este equipo es una porquería, no voy a volver a jugar, el campo estaba fatal, los del equipo contrario me han hecho faltas y nadie las ha pitado. ¡No vuelvo a jugar con este equipo!», piensa el niño que escuchó pocos noes. O lo que es lo mismo: «El entrenador, el equipo, los jugadores y las condiciones están fatal», luego la culpa es de los demás.

Los adultos sabemos que las cosas no salen siempre como queremos y que la mayoría de las veces nos cuesta mucho esfuerzo conseguir cumplir nuestros deseos. Los niños no. Si permitimos que los niños vivan experiencias en las que no salen las cosas como quieren (se aburren en una fiesta, ponerse zapatos en vez de tenis, esperar a después de comer para comerse una chuchería, acostarse a su hora, conseguir la bici cuando se cumple el horario de estudio, ahorrar para comprarse los cromos de moda...), los animamos cuando encuentran dificultades (abrochamos los botones que son demasiado pequeños, les recordamos que corren mucho aunque no paren los goles, reforzamos su esfuerzo cuando estudian) y estamos pendientes de celebrar todos y cada uno de sus logros, el niño aprenderá a manejar su ansiedad y agresividad.

Cuando este aprendizaje no se realiza bien el niño puede volverse apático y pasivo o, por el contrario, irascible o tirano, actitudes donde la inseguridad siempre está presente.

EN EL NÚMERO CUATRO: *porque un niño sin límites se convierte en un adulto con las siguientes características:*

- Nunca tiene suficiente, sus logros le parecen poco y, cuando obtiene algo, ya está pendiente de lo que quiere conseguir después.
- Reaccionará cada vez peor cuando oiga un NO: comenzará con las rabietas, seguirá arrojando objetos; luego vendrán los portazos, las intimidaciones y los insultos, porque todo vale para conseguir lo que quiere.
- No sabe esperar. Acostumbrado a que le den todo cuando quiere, no tolera la espera, tiene que tener lo que quiere ya. No sabrá qué hacer con la intolerable espera y desconoce el esfuerzo necesario para obtener el éxito. Lo que sí sabe muy bien es que agredir genera miedo, y eso le gusta aunque en el fondo todo le asuste y le produzca ansiedad.
- Su autoestima dependerá de tener cosas materiales. Es como si midieran su valía por lo que poseen. Piensa: «Tanto tengo, tanto valgo».

EN EL NÚMERO CINCO: *porque le facilita la vida a él y mejora la convivencia.* «Es que es tan pequeño, no va a saber hacerlo», «Lo hago yo y termino antes», «Los niños se tienen que dedicar a jugar y ya les tocará sufrir de adultos». Son algunas de las razones más extendidas para explicar por qué los niños no asumen responsabilidades en casa. Incluso un padre llegó a comentar: «Hacer que mis hijos recojan la mesa y frieguen los platos me parece tener mucha cara. En mi caso creo que eso es responsabilidad de los padres y a base de ver cómo les hemos permitido disfrutar de su infancia, así nos tratarán con respeto y cumplirán con sus obligaciones». Es cierto que la imitación es una de las mejores formas de educar, pero imitar significa que el niño hace lo que ve y no sólo ve cómo lo hacen.

Mantener esta filosofía tiene consecuencias que los padres deberán asumir:

- Hay mucho menos tiempo para estar con los hijos, porque son muchas las responsabilidades y tareas en una casa. A los numerosos quehaceres del hogar hay que añadir poner y quitar la mesa, recoger el baño, ordenar sus habitaciones, preparar ropa y cartera del día siguiente. El adulto llega más cansado, con menos paciencia y deseando que se acuesten.
- La autonomía se ve mermada, hay menos oportunidades de hacer cosas solo: «Ya te visto yo, ya llevo yo los platos, ya tienes la ropa de mañana, ya te he dejado tus libros en la estantería».
- Pierden la posibilidad de vivir experiencias que desarrollen capacidades como la atención, la frustración, el control de la impulsividad: «No te preocupes y continúa lo que estabas haciendo, yo te aviso cuando esté la cena».

- Se pierde la oportunidad de aprender a trabajar en equipo y el valor de la colaboración: «Quitamos la mesa entre todos y metemos los platos en el friegaplatos, así a todos nos queda un rato de tiempo tras la cena».
- En situaciones nuevas no saben cómo comportarse, no han aprendido un código de conducta porque no lo tienen en casa y se sienten inseguros y desconfiados.

En el número seis: *porque están convencidos de que es lo que tiene que hacer.* Es decir, porque si ustedes viven la norma como justa, ellos la entenderán igual. Os recordamos las palabras de la madre con la que empezamos el capítulo.

Los sollozos diciendo que será la última vez que ocurra, los lloros pidiendo el mismo patín porque lo tienen todos los de clase, los portazos acompañados de «Son los peores padres que me podían haber tocado» hacen que la firmeza se quiebre. Saber que la norma es justa hace a los padres mantener la constancia, porque para cualquiera es mucho más sencillo dar lo que piden y evitar el conflicto.

En el número siete: *porque aprende a esperar y esforzarse para tener/conseguir el éxito vital.* Esta frase no se refiere al éxito económico, sino al que lo hará triunfar como adulto social, emocional y personalmente. Ese éxito que requiere de constancia y frustración para salir victorioso de las distintas situaciones a las que se enfrentará en su vida.

«No vas a cambiar de colegio. Tu profesor exige que trabajes más, no te tiene manía». «Vete a tu cuarto a jugar, en el salón estamos los mayores charlando». «No me interrumpas, espera a que acabe de hablar con este señor, entonces te escucharé». «Has gastado tu paga, tendrás que esperar a la semana que viene para comprarte los cromos». «Entiendo que estés enfadado, pero no te escucharé hasta que no dejes de patalear». «¿Te has caído? Recuerda que en las cuestas abajo es mejor ir frenando la bici». «Hoy vienen tus primos, decide qué juguete no prestarás y lo guardamos, el resto tendrás que compartirlo».

Todas estas frases son límites que favorecen la aparición de las habilidades necesarias para:

- Conseguir objetivos cuando vienen precedidos de un esfuerzo.
- Hacer peticiones desde la asertividad y no desde la agresividad.
- Respetar a los demás, sus emociones, opiniones y actuaciones, aunque no estén de acuerdo con ellos.
- Aprender a esperar entre lo que se desea y su consecución.
- Saber equivocarse y dar solución cuando ocurre.

EN EL NÚMERO OCHO: *porque si antes de los 4 años no ha tenido normas ni hábitos, tiene todas las papeletas para desarrollar un trastorno de conducta*, para convertirse en un niño TEA de los que descubrirás en el capítulo 5.

En el número nueve: *porque aprenden disciplina.* La misma que hace falta para ir todos los días a trabajar, cuidar a los que quieres, ahorrar para comprar lo que quieres, gastar en función de lo que tienes, hacer deporte o comer sano. Es decir, cumplir las reglas necesarias para dar coherencia a nuestra forma de pensar y nuestra actuación, sin necesidad de que otros vigilen que lo cumplamos. Si atendemos a la definición que da el *DRAE* (*disciplina*: doctrina, instrucción de una persona, especialmente en lo moral), quedan claras dos cosas:

- Que es necesario ser disciplinado para estructurar valores como el respeto, la igualdad, el compartir, la amistad, la justicia, la solidaridad.
- Que es necesario que el niño cumpla con los límites sin necesidad de que sus padres estén delante. Por eso, integrar una norma pasa por poner consecuencias a todos los comportamientos, para retirarse después y que sea el niño el que viva las consecuencias de sus actuaciones.

En el número diez: *porque aprende que puede equivocarse,* que es un derecho personal y que le sirve para evaluar qué falló en su actuación para mejorar la próxima vez y superarse.

Y esto no es válido sólo para los hijos. Un padre llega tarde a casa y se encuentra con que su hijo lleva cuarenta minutos delante de un plato de judías verdes que se niega a probar mientras llora y patalea gritando sin parar que ésta es la peor casa del mundo. Tras un par de minutos viendo y escuchando el espectáculo del niño decide cogerlo de un brazo y subiendo el tono más que él lo arrastra hasta la cama mientras lo castiga sin volver a jugar con sus coches hasta «el día del juicio final». La escena no por brusca deja de ser infrecuente. Este padre sabe que se ha equivocado en su actuación, pero se permite errar porque es un derecho que tenemos todos. Así, al día siguiente retoma la cuestión y le explica al niño: «Ayer estaba muy cansado y no tuve tranquilidad suficiente para solucionar la situación. Perdona que te tratara así. Creo que lo justo es devolverte los coches, pero sólo cuando hoy acabes todo lo que está en el plato».

Todos nos equivocamos, ser perfectos nos llevaría a estar permanentemente alerta ante la posibilidad de errar en algo, y eso, además de provocar ansiedad, es realmente aburrido. El padre que se equivoca y rectifica enseña a su hijo cómo pedir perdón y a reconocer los errores propios para poder enmendarlos.

> En cada casa debe haber límites, los hijos tienen que conocerlos y saber las consecuencias de no cumplirlos o de sí cumplirlos.

LAS RAZONES QUE JUSTIFICAN QUE DESOBEDEZCAN

Para que el niño cumpla una norma tiene que considerarla justa. Ya sabéis lo estrictos que son los niños con el sentido de la justicia: «A mi hermano le has dado uno más». No sería JUSTO dejar de definir cuándo cumplir normas se convierte en algo nocivo para el niño.

Hay tres motivos que convierten el cumplimiento de una norma en algo perjudicial.

Que sean demasiado estrictas

En este caso las normas se transmiten con frases como: «¿Qué tienes que decir tú, eh? Te callas y punto...», «Aquí se hace lo que yo diga», «Me da igual si estás cansado. Hasta que no acabes los deberes no te levantas de tu mesa», «Me da igual que sea verano y estemos en un pueblo. En mi casa se cumple el horario que yo pongo», «Si los demás niños tienen paga, mejor para ellos. Tú aquí te gastas el dinero en lo que yo diga».

Que haya demasiadas

¿Y cuántas son demasiadas? Es la pregunta que a cualquiera le viene a la cabeza. Dependerá de la edad del niño y de su capacidad para poder cumplirlas. La respuesta es muy amplia, pero es que cada niño necesita que lo atiendan en virtud de sus características, y las de cada hijo son diferentes, eso es lo que le hace único. Partiendo de la dificultad que entraña dar un número exacto, un ejemplo nos puede orientar sobre cuándo son demasiadas.

La madre de Teresa nota que su hija de 5 años lleva un tiempo como tristona, no le apetece hacer nada, pero se pone agresiva cuando algo no le gusta y empieza a tener muchos miedos, sobre todo cuando se trata de ir a sitios nuevos. Esta madre cree que esta actitud es producida por la vagancia: «Si no estás encima de ella no hace nada. Así le va, que cuando tiene que decidir ella qué hacer, se echa para atrás y parece que no ha roto un plato. Igualito que cuando en casa la obligas a poner los zapatos en su sitio, que se oyen sus gritos en todo el edificio». De un tiempo a esta parte Teresa tiene en la nevera un listado con todas las normas que ha de cumplir, que son más o menos del siguiente tenor:

- Llegar a casa, cambiarse los zapatos y sustituirlos por los tenis tras haberlos guardado en la zapatera, echar la arena en el retrete, dejar la mochila en la habitación y lavarse las manos.
- Llevar la merienda a la mesa, sentarse hasta que se acabe (da igual el tiempo, hay que acabar el plato), recogerla y si no es tarde, jugar.
- Proponer una actividad lúdica: los lunes a las construcciones, los martes con la plastilina, los miércoles jugar a las cocinitas, los jueves a los acertijos y los viernes elige Teresa.
- Recoger los juguetes y preparar el pijama.
- Ducharse, recoger el baño.
- Peinarse, secarse el pelo y preparar la ropa del día siguiente.
- Poner la mesa, cenar (todo lo que hubiera en el plato) y recoger.
- Dejar la mesa preparada para el desayuno de la mañana siguiente.

Niños desobedientes, padres desesperados

- Jugar con su hermano de 8 meses y darle las buenas noches.
- Leer un rato en la cama.
- Apagar la luz y ¡por fin! dormir.

Había que cumplir una para poder pasar a seguir «cumpliendo» la siguiente. Esto es, si no se lavaba las manos, no merendaba. Al preguntar por los premios contestó: «Pues que le quede tiempo libre por haber cumplido con sus responsabilidades». Al proponerle quitar algunas le parecieron todas igual de importantes. Tras relacionar todo lo que le preocupaba de Teresa con el número de normas que se le imponían en casa la lista se redujo a tres:

- Al llegar de la escuela y después de merendar tendría treinta minutos para hacer lo que quisiera y su madre no podría ordenarle nada. A no ser que corriera peligro la integridad de la niña.
- En el baño se ocuparía de su pijama y de recoger después al terminar.
- Hasta la hora de la cena elegiría a qué jugar, aunque tendría que recoger una vez hubiese terminado.

También la madre de Teresa se llevó nuevas normas que debía cumplir:

- No se pondría como norma ni la actividad de juego, ni el tiempo de juego con su hermano, ni terminar las comidas.
- Teresa no oiría a su madre dándole órdenes, porque antes de decirle qué tocaba hacer en ese

momento esperaría a ver si la niña lo llevaba a cabo sola. Así aprendería a vivir la norma como una responsabilidad y no como una imposición de su madre.

- La madre de Teresa tendría que dedicar todos los días un rato a estar con ella sin recriminarle nada. En resumen, menos normas y más tiempo de calidad.

Que no las haya o sean arbitrarias

No poner ningún tipo de límites a su comportamiento es como enseñarle «que todo vale», que haga lo que quiera, cuando quiera, como quiera y con quien quiera. Que se rija por lo que desee o le apetezca en ese momento. A pesar de lo atractiva que puede resultar para el adulto esta última frase, lo es porque constituye una excepción a lo cotidiano.

Si no sabes cuándo vas a comer, toca lavarse la cabeza, toca acostarse y no te dan unas pautas ¡es para volverte loco! Imaginad la angustia que nos produciría llegar a un país de costumbres completamente distintas y tener que empezar a vivir en una familia sin que nadie te explique nada. Puede ayudarte a entender la angustia del niño que no tiene límites. Todos sentimos cierto alivio cuando volvemos a casa después de muchos días fuera porque la cotidianeidad de lo conocido nos da seguridad, nos tranquiliza. El niño necesita desarrollarse con esa sensación de seguridad o crecerá ansioso/agresivo.

Lo mismo ocurre con los niños a los que hoy se les manda a la habitación por no terminarse lo del plato y mañana se les hace una comida distinta. Normalmente los padres que aplican consecuencias de manera arbitraria lo hacen dependiendo del estado de ánimo que tengan ese día. Si estoy cansado, te pego un grito para que apagues la tele y te acuestes, pero si vengo relajado y contento, me pongo a ver contigo la peli aunque nos den las doce de la noche. Éstos son los «padres lotería», porque sus hijos nunca saben si hoy toca premio. Así que no aprenden un esquema de comportamiento estable. ¡Es imposible saber qué es adecuado! «Ayer me castigaron sin fiesta por protestar y hoy se han reído de mi protesta. ¿Qué hago?», piensa un niño de la actuación de sus padres ante su comportamiento.

> Tanto la laxitud de las normas como el abuso de éstas son perjudiciales porque son injustas y generan niños ansiosos, miedosos o agresivos.

Capítulo 5

Niño sin límites, niño tirano o cómo hacer un adulto agresivo/ansioso

Este capítulo tiene por objetivo hacer un recorrido por todas las edades para que quede claro dónde intervenir si se quiere evitar que el niño se convierta en un tirano, exigente y ansioso. Leyéndolo descubrirás el comportamiento que se produciría si no se ponen límites y se aplican consecuencias.

LOS NIÑOS TEA

Los niños que no han conocido límites desarrollan un perfil de características concretas y muy reconocibles. Para nosotros son los niños TEA (tiranos, exigentes o agresivos) que pueden serlo en mayor o menor medida dependiendo del ambiente y la estructura de autoridad que hayan recibido en casa. Últimamente aparecen en todas partes.

Si se dan determinados signos, indican claramente que tu hijo se está convirtiendo en un TEA. Las siguientes frases son un buen ejemplo:

- «Hablad bajito que el niño no oye la tele», dice la madre a una visita.
- «Qué quieres comer, dime qué ropa te pongo, prefieres esto o esto». Padres que dejan al niño la elección de cualquier mínimo detalle aduciendo la más nefasta de las razones: «Es que si no me monta un numerito...».
- «No puedo ir, el niño prefiere quedarse en casa».
- «No podemos dejarlo en casa de nadie, siempre quiere estar con nosotros».
- «Hasta que no se duerme, no me puedo mover de su cama».
- «Si no le doy de comer, no come nada».
- «He tenido una mala suerte con el colegio, el profesor le ha cogido tirria y no hace más que protestar del niño».

Suele ocurrir que los padres están volcados en que el niño no sufra. Al principio son tan pequeños que es difícil decirle que no a algo. Luego llegan los 2 años y las rabietas: «Con tal de que se calle», «Es que soy incapaz de oírle llorar». Y la razón por excelencia en este tipo de padres: «Pobrecito, me da tanta pena...».

«¿Quién da pena?» es la pregunta que inicia la reflexión sobre el tema. El padre de un adolescente con problemas de conducta, decía: «¡Ay! Con las horas que he trabajado para que no le faltara de nada». ¿No es este padre el que da pena? Su buena intención lo llevó a conceder cualquier exigencia material de su hijo, sin darse cuenta de que lo que necesitaba eran más límites y consecuencias.

Está claro que estos niños crecen pensando que todo y todos están a su disposición cuando y como ellos quieren. No son pocos los padres que en torno a los 6-8 años comienzan a darse cuenta de que algo ha fallado. Ya no es un tierno bebé al que es fácil concederle todo, ya no es sólo la golosina de la puerta de la escuela lo que pide. Ya no sólo utiliza el llanto para exigir las cosas, sino que toda la dinámica familiar y, como consecuencia, la relación con el niño empieza a complicarse o deteriorarse.

Quienes mejor expresan las complicaciones que aparecen en este momento evolutivo y que anuncian dificultades posteriores son los padres cuando cuentan cosas como:

1. En el colegio no abre la boca, no hay una queja sobre su comportamiento, es calladito, tanto que parece tímido. En casa es todo lo contrario. Cuando cuento a los profesores su comportamiento, dicen que parece que hablo de otro niño. En el comedor del colegio come de todo, en casa tengo que hacer sus purés. De visita parece tímido, pero en casa no me deja ni a sol ni a sombra y, si no le doy lo que me pide, arma un escándalo.

2. Llama la atención allí donde va. Hemos tenido que dejar de salir con los amigos porque pega a todos los niños, y por si eso fuera poco, cada

vez que quiere algo, hace un berrinche. Nos desesperamos cuando vemos el comportamiento de los otros niños con sus padres y vemos los nuestros, nos entran ganas de llorar.

3. Estamos preocupados. Seguro que tiene algo (el diagnóstico de los padres suele ser hiperactivo). Nunca está quieto, no atiende a lo que le decimos. No te exagero si te digo que hay días que me levanto gritando y me acuesto igual.

Características de los niños TEA

Estas explicaciones al comportamiento de sus hijos constituyen las características de los niños TEA. En este apartado podrás ir descubriéndolas y qué pasa con ellos cuando van creciendo:

Son niños miedosos, por eso usan la agresión (verbal o física) para imponerse. Descubren rápidamente que generar miedo en el otro da poder y utilizan todas las herramientas que poseen para producirlo: gritos, insultos, descalificaciones, patadas, portazos, golpes...

Son también ansiosos, porque no soportan la posibilidad de que alguien los critique o se ría de ellos. De hecho, una de las mejores armas que tenemos para desmontar su agresividad es la indiferencia y el humor. Temen la posibilidad de que alguien les rechiste, no son capaces de aceptar ninguna crítica, no existe la asertividad, sino la agresión como respuesta en la relación con el otro. Claro, todo esto daña su autoestima hasta el punto de hacerla depender única y exclusivamente de que los demás hagan lo que él quiere.

Temen los cambios o las situaciones nuevas aunque lo que les oigas sea: «Eso es una tontería, yo paso» o «Tú eres tonto, eso no vale para nada». Porque no han desarrollado las habilidades necesarias para adaptarse a ambientes distintos del suyo.

Tienen poca o ninguna perseverancia. Si algo les sale mal, abandonan. «No vaya a ser que alguien se ría de mí», piensan, y «Esto es una tontería», dicen para evitar que critiquen/se rían de su «no saber hacer».

Se adaptan mal. Huyen de las situaciones nuevas donde no conocen a la gente porque no las dominan. Aunque parezca contradictorio sufren retraimiento social, no desarrollan las habilidades sociales necesarias para establecer relaciones con el otro y optan por moverse con «sus secuaces» y no salir de ahí. Recuerda al cabecilla de las bandas de las películas que, si está protegido, se come el mundo, pero si se ve solo, casi se esconde.

Poseen *reacciones emocionales intensas.* Pasan en segundos de estar tan tranquilos a pegar estallidos de ira, casi siempre precedidos de un NO puedes hacer/tener. Es curioso observar, por ejemplo, cómo, mientras los demás niños son capaces de esperar hasta la hora de la comida, los niños TEA si tienen hambre protestan, gritan, patalean hasta conseguir que les den de comer.

Tienen un temperamento difícil. Se enfadan con facilidad, protestan mucho y parecen estar permanentemente enfadados. Cualquier contratiempo, por pequeño que sea, les provoca enojo y no es infrecuente que acabe en ira.

Un niño TEA siempre piensa: «Armo un lío y lo consigo». Claro que cuando no vale «armo un lío», se desarman y no tienen ninguna habilidad para resolver. Por eso se angustian y por eso también viven los retos del día a día con mucha ansiedad.

Les cuesta concentrarse. Como consecuencia de su inconstancia, no son capaces de permanecer mucho tiempo realizando la misma actividad, lo que los hace parecer niños que necesitan estar moviéndose todo el tiempo. Esta característica favorece que se distraigan con facilidad. Muchos padres creen que hay un problema de hiperactividad, cuando en realidad lo que no ha habido es el necesario límite —«Hasta que no termines esto, no podrás hacer lo otro»—; es decir, la atención se desarrolla con las rutinas diarias y en este tipo de niños no las ha habido.

Un adolescente TEA

Ya de adolescentes comienzan a aparecer otras características que describen muy bien el trastorno de conducta, porque recordemos que cuando las normas no han aparecido en el niño antes de los 4 años, aumentan las probabilidades de que lo desarrolle en la adolescencia. Sin ánimo de asustar, pero sí con muchas ganas de dejar clara la labor preventiva de los límites en casa, describiremos a continuación el trastorno de conducta, es decir, los jóvenes que si hubieran oído un NO a tiempo habrían evitado a sus padres los disgustos y ellos tendrían una vida mucho más feliz.

La impulsividad y el déficit de autocontrol caracterizan sus reacciones. Es como si no supieran evaluar las consecuencias de sus actuaciones, que están gobernadas por lo que sienten en ese momento. Hay también una incapacidad de control de la motricidad. La suma de todo eso hace que cualquier enfado o situación que consideren negativa tenga como única forma de solución la agresión.

Esta falta de control, unida a su poca capacidad de constancia, hace que busquen nuevas sensaciones continuamente y lo hacen muchas veces a través de comportamientos temerarios porque no miden los riesgos. Esto les imprime un carácter extravagante que les gusta fomentar.

Tienen grandes dificultades en notar sus emociones, porque no han aprendido a describirlas. En consecuencia, no saben cuándo están cansados, parecen infatigables. Es impermeable a las emociones de los demás, lo que lo lleva a aparecer como un ser frío, al que le da igual lo que le pase al otro siempre que él consiga lo que quiere. Sería algo así como que para él «el fin justifica los medios», claro que el fin siempre es «lo que él quiere».

Las relaciones sociales no son su fuerte porque aprendió a que su madre le hiciera la comida como quería o a acostarse cuando consideraba oportuno. Cree que si aprendió eso en casa, el resto tiene que hacer lo mismo. No es amigo de moverse en círculos que no son los suyos, los que controla. Esta peculiaridad reduce mucho el número de situaciones en las que tiene que hacer relaciones sociales. Como consecuencia, tiene menos capacidad para interpretar las situaciones sociales y ve empobrecido su lenguaje. Es típico que acuda a una fiesta y empiece a ponerse muy nervioso pensando que están criticándolo o riéndose de él, y, como no sabe iniciar una conversación, se arrincona en una esquina sintiéndose cada vez más nervioso y huye en cuanto ve la oportunidad.

No piden perdón porque «no se equivocan». Actúan para conseguir lo que desean y son incapaces de tener en cuenta lo que necesita el otro. Esto los convierte en personas frías y distantes en las relaciones personales. Sólo respetan las normas cuando ellos las han puesto; seguir las de otros sería doblegarse.

También están los que hacen todo lo contrario —«Soy tan estupendo que voy a ser el alma de la fiesta»—, y envalentonados y sin ningún tipo de timidez entran llamando la atención sin percatarse, porque no son capaces, de que su actitud asusta al resto.

Da la sensación de que no aprenden de las consecuencias y es que las únicas válidas son aquellas que les permiten conseguir algo material. Esto es así porque su autoestima depende de cosas materiales: «Tanto tengo, tanto valgo». No han aprendido a dar valor a la sonrisa de mamá o la caricia de papá cuando hacen las cosas adecuadamente y, por tanto, tampoco son capaces de hacer las cosas por sí mismos, no saben motivarse ni asimilan que el refuerzo viene de uno mismo, de saber que se ha hecho las cosas lo mejor posible. Para que todo esto se dé es necesario haber vivido con consecuencias tanto negativas como positivas y a ellos o nadie se las ha marcado, o se las han saltado continuamente, o las pocas que han tenido han sido variables y poco consistentes.

Independientemente de su capacidad intelectual, faltan a clase porque el colegio les pone normas fundamentales para una convivencia más armónica y ellos no soportan que les digan que no, no entienden del bien común, sino sólo del suyo propio y si encima su falta de constancia los lleva a no hacer tareas o no hacer esfuerzos porque «Yo no los necesito para obtener lo que quiero», es fácil entender que prefieran seguir con su argumento de «Estudiar es una tontería» a enfrentarse a la frustración que supone no destacan por sus evaluaciones o adelantan la posibilidad de quedar en evidencia delante del grupo y evitan esta posibilidad. Suele ser frecuente que el absentismo se produzca cuando sospechan un examen. Esta actitud agrava su situación con el fracaso escolar e incluso el abandono.

Algunas quejas que podemos oír a los padres son:

- «Sale desde el jueves por la tarde y llega cuando quiere... no puedo levantarlo por la mañana porque me arma un escándalo».
- «El celular lo hemos tenido que hacer de contrato por no escuchar la que arma cuando se queda sin saldo...».
- «En el colegio no pueden con él, así que si ellos no pueden yo menos...».
- «Las zapatillas de tal, la habitación sin recoger... al final lo hago yo o se lo compro por no oírle...».

Todos somos susceptibles al cambio en cualquier etapa de nuestra vida. Es cierto que entre los 0 y los 6 años el cerebro es mucho más sensible a aprender. Es decir, el niño está especialmente preparado para asimilar límites. Cuando se establecen normas y se ponen consecuencias, el niño adapta su cerebro para funcionar con ellas. Si el niño no tiene la oportunidad de vivir una situación normada, es como si su cerebro no supiera qué hacer cuando debe ir a la escuela, a una fiesta, un entrenamiento, y más adelante a la universidad, el trabajo o cualquier situación que funcione con normas, es decir todas.

En cuanto pongamos al niño/adolescente en situaciones regladas, el cerebro buscará cómo adaptarse y aprenderá a dar respuestas eficaces. Esto tiene que ver con la «plasticidad cerebral» (el número de contactos sinápticos que forman circuitos nuevos, como resultado de la experiencia o el aprendizaje y que no depende de los genes). Por tanto, SÍ, siempre podemos cambiar, aunque el tiempo juega en nuestra contra.

Capítulo 6

Quiero que me haga caso a la primera

Que el niño haga caso dependerá en gran medida de cómo le pidas las cosas, lo que le pidas, las consecuencias que le pongas y si las cumples o no.

LA «PÍLDORA MÁGICA»

«Me desespera, ¿no hay una pastillita que lo solucione?». Y medio en broma, medio en serio, los padres siguen soñando con que alguien invente una pastillita que disuelta en la leche del desayuno haga que los niños «a un chasquido de sus dedos» recojan, se bañen, se acuesten y no protesten.

No creo que el invento llegue nunca a ver la luz, pero si lo hiciera seguiría sin cubrir la necesidad de aprender qué puede o no hacer. Eso, queridos padres, sólo se enseña con paciencia, coherencia y una gran dosis de humor. Componentes de la tan demandada fórmula mágica que, al contrario que en los cuentos, lo es porque hace adultos felices, no por lo rápido que actúa.

Si hay una frase mágica es la de «Te cuento tres...», ¿y después del tres qué? Hemos preguntado muchas veces a los padres. El un, dos, tres dura lo que dura y está bien aprovecharlo, pero de repente deja de tener ese efecto mágico y es el niño el que pregunta: «¿Y qué?». Para asombro de sus padres que balbucean algo como: «Y qué... y qué... Si no haces caso ya verás». Y con eso parecen haber zanjado el tema.

Éste es el inicio de una etapa que suele coincidir con los 4-6 años y que anuncia que ya no es suficiente el tres, que no les convence, que se lo van a saltar y que detrás tiene que haber alguna consecuencia.

«Vas a ver...» es otra de las frases preferidas por los padres. También están: «Ni se te ocurra», «¿Estás sordo o qué te pasa?», «Es que es como si le hablara a las paredes»... Ciertamente ejercen un efecto de descarga para los desesperados padres. Pero sólo si detrás de éstas hay una consecuencia obedecerán... y no siempre a la primera.

En el «Quiero que me obedezca a la primera» hay un tipo de padres a los que le gustaría gobernar el comportamiento de sus hijos como si de un coche teledirigido se tratara: «Ahora que se calle, ahora que recoja, ahora que espere sin protestar, ahora que se duerma».

A éstos hay que recordarles que sus hijos no vienen con botón de *off*.

A uno de esos padres le planteamos las siguientes preguntas: «¿Alguna vez te has escapado en horas de trabajo?, ¿te has saltado una fila para colarte en algún sitio?, ¿has mentido para evitar que te pillaran en algo?, ¿has ido a más velocidad conduciendo de la que permite la ley?». Después de contestar afirmativamente, justificó su comportamiento con la frase: «Hecha la ley, hecha la trampa». Partiendo de esta base, y relacionado con el comportamiento de su hijo, le planteamos: «Y después de haber admitido eso, ¿pretendes que siempre, siempre te escuche y haga lo que le pides sin protestar y sin perder tiempo?». Podéis imaginar su cara de asombro. Entonces hemos de hacer la siguiente reflexión: se trata de un niño, no le pidas más de lo que puede hacer hasta que le hayas enseñado.

¿Cómo consigo que mi hijo me obedezca?

Ésta es la demanda general. Es fácil escuchar a los padres comentar: «¡Lleva una época! No hago carrera de él». También es muy frecuente encontrarte con: «Es como el que oye llover» o «Basta que le diga blanco para que él haga negro».

Conseguir que un niño obedezca es tan sencillo como dar una orden, poner consecuencias y cumplirlas y tan complicado como que en cada familia se hace de manera distinta. Este capítulo pretende aunar criterios que faciliten la creación de un ambiente seguro para el niño, en el que se sentirá protegido cuando lo que «le manden» sea desde esta óptica. Son tres los aspectos que tendrás que evaluar:

1. Cómo se lo digo.
2. Qué le digo.
3. Qué hacer si lo cumple o no lo cumple.

Cómo se lo digo al niño

Lo primero que debemos hacer para conseguirlo es tomar un poco de distancia. Eso lleva a tener más tranquilidad, que es un paso necesario para poder resolver cualquier problema. En la mayoría de los casos, para que cambien las cosas, bastará con modificar algunas de las actitudes que te enumeramos a continuación:

1. *Cuéntale lo más exactamente posible lo que esperas que haga.* Se cae en el error de expresarse con generalidades que el niño no entiende. Un ejemplo significativo son frases como: «Pórtate bien», «Sé bueno» o «No hagas eso». En realidad, no dicen nada. Prueba a preguntar a tu hijo ¿qué es portarse bien? Te sorprenderá la respuesta. En unos casos puede ser: «Dímelo tú; siempre lo haces» —le dijo un niño a su padre—, en otros pueden limitarse a encogerse de hombros. También los hay que optan por un sencillo: «Cuando soy bueno», e igualmente aparecen aquellos que lo tienen claro: «Hacer lo que me digan mis padres».

Entonces, seamos claros y especifiquemos el comportamiento: «Vístete y ven a desayunar», «¡Recoge los juguetes y a la bañera!», «Habla más bajito para que te escuche», «Dame la mano para cruzar la calle». De esta forma, tu hijo podrá definir a la primera los comportamientos que esperas de él cuando le pregunten qué es portarse bien: cuando cuido a mi hermana, recojo a la primera, no me levanto de la mesa, me acuesto a mi hora.

2. *Convéncelo siendo firme.* «Por favor, hijo, que llevo un día horrible, no me hagas enfadar más». Esta frase expresa que estamos cansados, pero no parece convincente. Un tono firme se consigue cuando, sin gritar y con un gesto serio, se dice de manera concisa lo que esperamos del otro. Si, además, buscamos la mirada del niño y acompañamos nuestra actitud de una señal que lo ayude a centrar la atención en la acción que le pedimos, tendremos muchas más probabilidades de que lleve a cabo la orden. Por ejemplo: «Vístete y nos vamos», mientras señalamos la ropa que le hemos dejado encima de la cama.

Los adultos no tenemos el mismo estado de ánimo todos los días. A veces estamos cansados, otras preferimos posponer algo porque estamos entretenidos con otra cosa y otras, simplemente, nos da pereza hacerlo. A los niños les pasa igual. Por eso, cuando encontramos al niño reacio a obedecer, podemos utilizar frases terminantes tipo «Vístete ya», «Vámonos a casa, ahora». Eso sí, sin subir el tono, manteniendo la actitud firme de la que hablábamos al principio del párrafo.

Dos madres intentan volver a casa y sus hijos no obedecen. En el primer caso la madre argumenta: «Pedro, vamos, tienes que recoger tus juguetes porque ha llegado la hora de irse a casa. Mamá está cansada, ha vuelto de trabajar y necesita que le hagas caso. ¿Es que no te da pena?». En la segunda frase Pedro se da la vuelta y se aleja hacia los columpios. Su madre acaba persiguiéndolo y cuando por fin lo alcanza lo coge del brazo y se retiran del parque forcejeando mientras le va diciendo: «¿Ves lo que me haces hacer?, tengo que enfadarme contigo... Deja de llorar... No volveremos al parque si te sigues portando así de mal».

La segunda madre se acerca a su hija y la avisa: «Irene, ve terminando el juego, es hora de irse a casa». Se queda cerca de la niña y pasados unos minutos, inicia la acción de recoger. Entonces Irene sale corriendo a los columpios. Su madre no se mueve del sitio y le indica: «Es hora de volver a casa, ven a recoger ya». Irene baja del columpio protesta y llora, pero su madre le repite: «Recoge los juguetes». Cuando Irene deja de llorar, su madre le dice: «Lo has hecho fenomenal, mañana es viernes, así que podremos quedarnos más tiempo, ¿quieres?», y vuelven a casa charlando.

Ser firme es encontrar una actitud que esté en equilibrio entre cumplir con lo que hay que hacer y darle apoyo para que aprenda a hacerlo.

3. *Utiliza la forma impersonal*. Hay órdenes como: «¡Para ya!», «¡Ahora mismo!», «¡Ni pero, ni pera!», que, dichas con firme tranquilidad, ayudan al niño a centrar la atención en la tarea.

Están las frases como: «Quiero que te comas el filete ¡sin rechistar!», que inician una lucha entre padre-hijo que tiene un claro componente personal. Fíjate en la diferencia entre: «Te he dicho que te quiero ver en tu habitación, ¡ya!» y «Es la hora de estudiar, vamos a coger la mochila», mientras lo acompañas hacia su habitación. Al niño no le va a gustar más la hora de estudio, pero el conflicto lo tendrá con las tareas escolares y no contigo.

El lenguaje es la forma de expresar lo que pensamos y nuestro objetivo es que adquiera un hábito de estudio que le haga responsable, no que nos obedezca.

4. *Señala siempre el comportamiento, no al niño.* Es frecuente escuchar a los padres describir a los niños con expresiones del estilo: «Es vago», «Es malo como la piel del diablo», «Es un desobediente», «Es un bruto», «Es tímido». En vez de hablar en términos de: «No le gusta nada hacer deberes», «Remolonea para irse a la cama», «Se pone nervioso cuando hay más niños», «Le cuesta hacer amigos».

Si desaprobamos al niño, se esforzará en seguir manteniendo el calificativo que le hemos asignado, entre otras cosas porque no sabrá qué queremos de él. Si lo que hacemos es desaprobar un comportamiento, le estamos dando la oportunidad de que lo cambie. ¿A que no es lo mismo que te digan «Eres muy pesado» que «Cuando hablas de tu trabajo no permites que intervenga y monopolizas el tema. Así que me resulta pesado escucharte».

5. *Ofrece una alternativa de comportamiento al niño.* Es igual de necesario que la firmeza, porque está aprendiendo, porque le enseñas a resolver problemas y porque le demuestras que sus deseos y sus sentimientos son importantes para ti. En resumen, porque aprende a cambiar ese «Quiero hacer lo que me dé la gana ahora» por

un «Puedo esperar y hacerlo cuando acabe con mis responsabilidades».

Cuando se empeñan en algo pueden ser realmente persistentes. «Que no, que no y que no... que hoy no tienes más tele», dice un padre gritando, cuando el sábado su hijo le ha puesto la cabeza como un bombo para conseguir una hora más de dibujos. El niño chilla y ahora además llora mientras le dice: «Eres el peor padre del mundo», y el padre replica: «Eso, ahora métete conmigo. Estoy hasta las narices de oírte, vete a tu cuarto y quédate allí». A estas alturas podemos imaginar el volumen del tono de voz, el disgusto del padre y el del niño.

Dar una alternativa a este comportamiento sería: «No puedes ver más la tele hasta mañana. Pero podemos hacer las construcciones del juego que me enseñaste ayer». Otros ejemplos que se pueden presentar como alternativa también podrían ser: «Ahora tienes que bañarte, pero puedes jugar en la bañera con el muñeco que elijas»; «Ahora toca cenar; en cuanto acabes, podrás seguir con lo que estabas haciendo».

6. *Presenta opciones dentro de una misma situación sobre las que pueda elegir.* El mismo argumento que se utiliza sobre la conveniencia de no alargar las explicaciones, y que veremos a continuación, es válido también a la hora de explicar por qué no se deben dar muchas opciones a los niños. Sin embargo, es cierto que a partir de los 4 años es conveniente ir entrenando al pequeño en la toma de decisiones. Así puedes ofrecerle diferentes posibilidades dentro de una misma situación para que el niño vaya desarrollando esta capacidad y tenga la

sensación de que es responsable de tomar decisiones. Además, les encanta saberse mayores para decidir: «Mira, he sido yo el que ha pensado lo que comíamos hoy». Veamos algunos ejemplos: «Hay que tomar fruta de postre, pero puedes elegir la que más te guste», «¿Prefieres ir al parque que está cerca del colegio o al que está cerca de casa?», «Hay filete, ¿prefieres patatas o tomate para acompañarlo?», «Es hora de vestirse, ¿quieres ponerte el jersey rojo o el verde?».

7. *No des explicaciones muy largas porque no las escuchan.* «¡Qué horror! —decían unos padres en consulta—. ¿Cómo voy a decir a mis hijos que hagan las cosas sin explicarles por qué?». Totalmente de acuerdo, les dijimos. Únicamente hay que aprender a resumir las explicaciones.

Hay padres que dedican gran parte del tiempo que pasan con sus hijos en exponer el porqué de hacer cada cosa. Son exposiciones realmente ilustrativas sobre el bien y el mal, pero el niño todavía no es capaz de entenderlas. Aunque estemos haciendo todo lo posible para que el día de mañana las escuche, las evalúe y las acate si las considera justas o discrepe cuando considere oportuno.

Éste fue el caso de un padre que cada vez que recibía una negativa de su hijo por toda consecuencia le imponía escuchar su discurso: «Hijo, tienes que portarte bien porque...», y le soltaba unos diez minutos de charla, unas tres o cuatro veces al día. Un día le propusimos que, tras una de estas exposiciones, preguntara al niño: «¿Te has enterado de lo que te he contado?». Entonces su hijo le contestó: «Sí, que si espero a que acabes, podré seguir jugando».

Hagamos la siguiente cuenta. Si los niños nos prestan atención más o menos a minuto por año cumplido, es prácticamente imposible que tras los primeros dos-cuatro minutos el niño te esté atendiendo, y sobre todo habrás perdido un tiempo precioso donde te atendía y entendía, haciendo disertaciones que tu hijo no puede asimilar.

Saber por qué hay que hacer las cosas le inicia el desarrollo de lo moral/ético (lo que está bien y por qué), les da argumentos en situaciones como:

- «Pues en mi casa no es así».
- «¡Anda! Qué más da; hazlo, si ahora no te ve nadie».
- «Tú si te preguntan di que no».

Para conseguirlo tienen que tener normas en casa y consecuencias a su comportamiento. Eso no significa que no les expliquemos. Es imprescindible para que vivan la norma como algo justo. Pero la explicación tiene que ir en proporción a su capacidad de atender y como consecuencia de entenderla.

Cuando los padres toman conciencia de explicar considerando las características de su hijo, entienden que para educar hay que tener en cuenta el momento del desarrollo en el que se encuentra cada niño, y entonces aprenden, porque están en el periodo más favorable para hacerlo.

Los padres han de cambiar los largos discursos por acciones como mirar a los ojos. De esta forma, te aseguras de que el niño te atiende y puedes decirle lo que tiene que hacer, añadiendo luego una breve explicación, necesaria para comprender el porqué de las normas, pero —¡por favor!— para que lo aprenda, recuerda que no puede pasar de tres frases. Deja las grandes disertaciones para más adelante; sintetiza todo lo posible. No sólo entrena la atención, sino que prepara un esquema de diálogo con tu hijo, de forma que aunque en la adolescencia seguirás siendo un «pelmazo» (es lo que toca a los padres), escuchará las ideas claves que quieres transmitirle.

Veamos algunos ejemplos: «No pegues, haces daño», «Presta tus cosas, los demás te dejarán las suyas», «Apaga el ordenador, hay que jugar a otras cosas también». Conviene recordar, antes de terminar este apartado, que no son las palabras sino el ejemplo (las acciones) lo que enseña a los niños. Así, si veo el armario de mi padre recogido, le creeré cuando me pide que recoja mi ropa, pero si veo constantemente ropa suya tirada pensaré: «¿Cómo me voy a tomar en serio que me diga lo importante que es ser ordenado, aunque le lleve mucho tiempo intentar convencerme de ello?».

8. *Establece los límites con un control emocional.* Límites y normas ayudan al control emocional, o lo que es lo mismo: «Las cosas no son cuando yo quiero, como yo quiero y en el momento que deseo». Algunos padres tendrían que leer esto un par de veces, porque pretenden que sus hijos hagan lo que ellos quieren, cuando ellos quieren y en el momento en que se lo dicen. Y si esto no ocurre, ¡se arma la gorda! Educar invita a revisarse

uno mismo y mejorar. Recordemos que los niños todo lo imitan y poner límites necesita de control emocional. Dirán que no cientos de veces, se harán los sordos otras tantas, mentirán para escaparse de las consecuencias mil más, y hay que estar preparados para controlar las emociones.

¡Ojo! Sin culpas. Todos nos enfadamos e incluso perdemos el control en alguna ocasión. El problema es si la pérdida de control se produce con mucha frecuencia, porque los padres que viven enfadados castigan más y con mayor severidad, de manera que convierten muchas de sus normas y límites en injustas.

Un gran truco, si tienes uno de esos días terribles o notas que llevas una época castigando en exceso, es contar hasta cincuenta antes de decir nada, mientras respiras diciéndote: «Soy capaz de calmarme». Entonces acércate al niño, y en un tono más bajito de lo que normalmente utilizas, pregunta: «¿Qué ocurre?». Otro cambio aparentemente sencillo, pero que genera importantes logros cuando vienen épocas de «poca paciencia», es olvidar después de que el niño haya cumplido su castigo. Evita recordarle mil veces lo que hizo, abandona frases como: «Todo te da igual», «Esta vez hasta cuándo te va a durar el arrepentimiento», «Mañana otra vez lo mismo, ¿no?».

También es una pérdida de control de las emociones utilizar el chantaje: «Eres malo; si no haces eso, no te quiero», «¿Cómo me puedes hacer sufrir tanto?», «Por favor, hijo, no puedo más; haz caso a mamá». El truco para evitarlo es sustituir estas frases por otras que simplemente expresen cómo te hace sentir su conducta: «Estoy muy contento porque has conseguido vestirte tú solo», «Me enfada que me contestes así, pero no podrás llevar juguetes a la mesa».

Deja a un lado las amenazas: no utilices el miedo ni la amenaza para que te obedezca. Puede resultarte eficaz en el momento, pero el niño desarrollará miedos posteriores o acabará amenazándote a ti. Cambia el «Si no haces... no...» por «Para hacer esto... primero tienes que...». Por ejemplo, en lugar de utilizar: «Si no recoges, no ves la tele», dile: «Para poder ver la tele, primero tienes que recoger»

9. *Cambia el lenguaje y expresa las órdenes en positivo.* Junto con lo anterior, te ayudará a hacer comprender al niño lo que tiene que hacer y podrá llevarlo a cabo. En vez de decir: «No tires los juguetes», prueba con: «Recoge los juguetes metiéndolos despacio en su caja, así no se estropearán». Lo mismo sucede con «Habla más bajo para que pueda escucharte» en lugar de «No grites» o «Es hora de poner la mesa y comer» en vez de «Deja de remolonear y escabullirte».

10. *Hazle saber cuándo tiene un comportamiento adecuado.* Tu hijo tendrá claro qué tiene que hacer si le indicas el comportamiento que tiene que seguir. En negativo sabrá que te enfada lo que hace, pero no lo que esperas de él. Es indispensable, una vez inicie el comportamiento adecuado, decírselo si quieres que lo vuelva a llevar a cabo: «Ahora puedo escucharte, ¿qué querías decirme?». Hay muchos padres que no refuerzan el comportamiento desde la argumentación de «Es

su obligación». En consulta vemos muchos: «Encima de que suspende, no le voy a premiar que estudie». A lo que respondemos: «Entiendo tu enfado, pero si no le reconoces el esfuerzo es más que probable que no intente aprobar».

Se refuerza/premia cualquier comportamiento que lo acerque al objetivo, porque para ellos es un esfuerzo de superación y tenemos que decirles que los apoyamos. «No ha probado la comida, pero ha permanecido con ella en el plato», decía un padre cuyo hijo armaba un lío cada vez que en la mesa aparecía un alimento nuevo. Esta actitud fue clave para conseguir tiempo después que probar alimentos dejara de ser un problema para su hijo.

Si analizas lo leído hasta este momento, son todo pautas para acompañar, guiar y facilitar al niño el cumplimiento de las normas que tengas en casa. Pero siempre hay situaciones en las que el niño dice «NO».

11. *Pon consecuencias y cúmplelas.* Es lo que se debe hacer cuando hay una negativa por parte del niño. Como veremos más adelante, hay que tener en cuenta criterios que nos permitan llevarlas a cabo. Una consecuencia que no se cumple permite al niño pensar: «No pasa nada, al final me salgo con la mía», y entonces sí que entraremos en un conflicto de autoridad en casa.

Acuérdate de:

1. Contarle con la mayor exactitud posible lo que esperamos que haga.
2. Convencerle siendo firme.
3. Utilizar la forma impersonal.
4. Señalar siempre el comportamiento, no al niño.
5. Ofrecer una alternativa de comportamiento.
6. Presentar opciones dentro de la misma situación.
7. No dar explicaciones largas, porque no las escuchan.
8. Poner límites necesita tu control emocional.
9. Expresar las órdenes en positivo.
10. Señalar el comportamiento adecuado.
11. Poner consecuencias y cumplirlas.

Aumentan las probabilidades de que se cumpla la orden si el que la indica:

- La enuncia en positivo: «Cuando hables más bajito, podré escucharte».
- Dice lo que hay que hacer y anuncia las consecuencias: «Tienes que lavarte la cara y peinarte antes de salir».
- Utiliza: «Los niños hacen», frente a: «Los niños son»: «Recoge la habitación».
- Cuenta cómo te hace sentir su conducta: «Mamá te quiere mucho, pero me enfado cuando saltas encima del sofá».

A grito limpio desde la cocina: «¡¡Carlos, cariño, ¿quieres apagar la tele, recoger tu cuarto, bañarte y poner la mesa?!!». Y Carlos sigue jugando tranquilamente en su habitación mientras la desesperación de los padres va subiendo tan rápido como la espuma. O, en el mejor de los casos, Carlos estará convencido de hacer lo que le han pedido, hasta que al llegar al pasillo sea incapaz de recordar todo lo que dijeron.

Hay muchas cosas en este ejemplo representativo que se pueden cambiar para aumentar las posibilidades de que Carlos atienda la orden, se la tome en serio y lleve a cabo lo que se le pide:

1. *Ir adonde esté él, ponerse a su altura, mirarlo a los ojos.* Si está viendo la tele o distraído con algo, interponte entre él y la actividad. Si la distracción es tan grande que no consigue apartar su mirada de ella, cógele la cara por el mentón y le das la instrucción. Sólo cuando te está mirando, te está atendiendo.

2. *Dar una instrucción cada vez.* Si le dices de golpe todo lo que tiene que hacer, seguramente sólo se acuerde de la primera o de la última actividad que le has encomendado. Paso a paso, primero una norma y cuando la haya hecho, otra. «Carlos, recoge tu habitación, se ha terminado el tiempo de juego...». Si con esto no es suficiente, repite la petición insistiendo en la firmeza.

3. *Pedirle que haga las cosas.* No le preguntes si quiere hacerlas. Imagínate que por la mañana un lunes te llama tu jefe y te pregunta si quieres ir a trabajar hoy... ¿Qué contestarías? Si le preguntas, quizá tu hijo decida hacer algo más entretenido y divertido que recoger su habitación. Por tanto, utiliza un tono de voz firme, díselo con la convicción de que lo va a hacer. Esto es, sube un poco más de tu tono habitual, sin gritar, dirígete a él con un ritmo de habla más lento del que utilizas y sin justificaciones, rodeos u opciones repítele: « Carlos, recoge tu habitación». Si eres de los que les cuesta mantenerse firmes y para no dejarte embaucar por las argumentaciones de tu hijo, puedes practicar con tu pareja, grabarte en video o ponerte delante de un espejo antes de llevarlo a cabo.

En general los padres aumentan su sensación de control una vez han puesto en práctica estos tres primeros pasos, pero no siempre el niño está dispuesto a acceder, sobre todo al principio. Es el momento de volver a insistir.

4. Repetir el paso 3, darle tiempo para ver si lo ha entendido y pedirle que repita lo que se le ha pedido: «Carlos, ¿qué es lo que hay que hacer ahora?». Este paso permite averiguar si el niño sabe lo que tiene que hacer y evita que tengas que repetírselo. Así es más complicado llegar al enfado o a los gritos como consecuencia de corear una y otra vez lo mismo. Tu hijo te ha atendido; no dudes que sabe perfectamente lo que tiene que hacer.

5. Dar la opción de ayudarlo: «Carlos, te ayudo a recoger, vamos». Una vez que empiece a hacerlo retírate para que siga solo. Lo estás ayudando a que se centre en la tarea sin que lo de alrededor lo despiste. Ahora es el momento de ayudarlo y acompañarlo si no quieres terminar gritándole: «Carlos, es la décima vez que te lo digo, ¡¡¡quieres recoger!!!».

6. Dejar de atender cualquier actividad que inicie, repitiéndole el mensaje: «Cuando hayas recogido los juguetes te atiendo».

Es importante que:
- No inicies otra actividad hasta que no se haya cumplido la orden.
- No es el momento de negociar las normas con tu hijo, ni justificar tu actitud.
- Por mucha gracia que te hagan las divertidas argumentaciones de tu hijo, no te rías, no le quites la seriedad al momento o él interpretará que estás jugando y que las normas son algo que se puede tomar a pitorreo.
- Y, por supuesto, no utilices ningún tipo de lucha o descalificación para obligarlo a cumplirla.

Qué hacer si lo cumple o si no lo cumple

Llegados a este punto, pueden ocurrir dos cosas: que lleve a cabo lo que le has pedido o que siga tranquilamente a lo suyo. En cada caso tendrás una actitud distinta. No te preocupes si la opción de tu hijo es la segunda. Siempre hay un plan B.

Si lo hace: en cuanto tu hijo lleve a cabo la conducta que le has pedido, para que lo repita es imprescindible que se lo reconozcas. Esto es, dile lo contento y orgulloso que estás de él por haber recogido, cuéntale que sabes el esfuerzo que ha hecho, aunque haya tardado una eternidad en hacerlo.

Si acompañas la frase con un beso o con algún tipo de recompensa (sobre todo al principio), estupendo. Por ejemplo: «Genial, Carlos, estoy muy contento por cómo has recogido, por lo mucho que te has esforzado; ahora podremos jugar un rato a las pompas de jabón en la bañera».

Nada de lo que has hecho anteriormente tiene sentido si te saltas este paso. En educación es imprescindible reforzar los comportamientos adecuados.

Si no lo hace:

Como decíamos antes, siempre hay un plan B. Si tu hijo sigue en sus trece, hay que aplicar alguna consecuencia negativa. Siguiendo con el ejemplo anterior:

Repite los pasos del 1 al 3 descritos en el apartado anterior.

Hasta aquí todo igual. A partir de ahora:

- Si se niega a hacer lo que le has pedido, retírate y dale un tiempo para que reflexione (un par de minutos serán suficientes).
- De nuevo acércate a él y dile: «Carlos, tienes que recoger, ¿quieres que te ayude?».
- Si sigue negándose, dile lo que ocurrirá: «Carlos, si no recoges, la cena y el baño se retrasarán

y no podrás ver tu capítulo de dibujos después de cenar».

- Mientras a Carlos le dure su oposición, cualquier cosa que te pida, te argumente o te diga tú le repetirás: «Cuando recojas te atiendo», o lo que es lo mismo: «Esta actitud no te vale, es un comportamiento que tienes que dejar de tener».

- Cuando Carlos recoja —y lo hará—, inmediatamente y sin importar lo que haya hecho antes refuerza su actitud. Sin olvidar mantener las consecuencias que le has puesto, esto es, si ya no hay tiempo porque ha tardado mucho en recoger y aunque al final lo haya hecho, hoy no hay dibujos, pero seguro que si se esfuerza mañana lo conseguirá.

Al principio cumplir los pasos te costará; poco a poco te resultará más sencillo hasta que lo incorpores en tu repertorio de soluciones y lo hagas sin pensar en los pasos que tienes que dar. Esto es como cuando estabas aprendiendo a conducir; al principio no podías ni escuchar la radio mientras conducías, tenías que poner todos los sentidos en lo que estabas haciendo, pero con el tiempo ya conduces de forma automática, puedes escuchar la radio, hablar con el copiloto...

«Esto ya lo he probado y no funciona». Es frecuente escuchar a los padres esta argumentación. ¿Qué es probarlo? Hacerlo un día sí y otro no. Probarlo dos o tres veces. Se trata de un método efectivo, sí, pero si se es constante en la aplicación.

Ten en cuenta que al principio de aplicarlo lo más probable es que aumente el número de comportamientos inadecuados. Es normal, a nadie nos gusta perder privilegios. Pasado este periodo, serán muchos más los comportamientos adecuados y disminuirán muchos de los inadecuados. Si te quedan dudas de cómo hacerlo, lee cómo enfrentarse a las rabietas (capítulo 8).

Capítulo 7

Aumenta las probabilidades de que tu hijo te haga caso

Muchos padres preguntan: «¿Son necesarios los premios y castigos?». En este capítulo encontrarán la respuesta.

Todos nuestros comportamientos están regidos por las consecuencias que de ellos obtenemos. Por ejemplo, cuando te estacionas en una zona donde no está permitido hacerlo probablemente te pondrán una multa que tendrás que pagar como consecuencia de tu actuación, de forma que la próxima vez buscarás un sitio donde esté permitido dejar el coche. El castigo (pagar la multa) hace que disminuya la probabilidad de que vuelvas a repetir el comportamiento (estacionarse en un lugar prohibido). Con el tiempo te habituarás a dejar el coche donde no moleste sin necesidad de castigo. Con los niños pasa algo similar, los premios y los castigos les sirven para diferenciar qué pueden o no hacer. Al principio les señalan el comportamiento adecuado e inadecuado y desaparecen cuando es el niño el que decide hacer las cosas porque entiende que «es lo que tiene que hacer».

Hay una diferencia fundamental en el comportamiento de unos y otros. Los adultos sabemos qué cosas se pueden hacer y qué cosas no. Los niños no tienen de forma innata el instinto disciplinario, necesitan aprenderlo. La mejor forma de hacerlo es guiar sus actuaciones con normas y límites y regularlas a través de las consecuencias.

Un niño que no tiene consecuencias a su comportamiento se convertirá en un niño TEA de los que hemos hablado en el capítulo 5.

Los padres frecuentemente plantean dos quejas a premios y castigos:

- «Pero ¿por qué le tengo que dar un premio si es su obligación recoger su habitación?».
- «Premiarlo o castigarlo es chantajearlo».

Tienen razón en que debería ser su obligación. Pero si no lo hace, hay que empezar consiguiendo que aparezca la conducta de ordenar, ¿no? Para que un niño tenga motivación interna, es decir, para que piense: «Voy a tener recogida mi habitación, porque así encontraré lo que busque a la primera o porque es más confortable o porque me gusta el orden», primero tiene que existir motivación externa, es decir, que piense: «Voy a recoger mi habitación porque así podré jugar al videojuego».

Los padres quieren que sus hijos sean responsables y que salga de ellos la realización de sus tareas, pero las probabilidades de que esto ocurra sin premios ni castigos son muy pocas. Es decir, para tener un comportamiento adecuado es necesaria una motivación externa, premios o castigos. Sólo así se desarrolla la motivación interna que lleva a hacer las cosas bien, porque «Es lo que tengo que hacer».

Nadie entiende como chantaje su sueldo o un ascenso laboral. Son las consecuencias que se derivan del esfuerzo personal; en el primer caso, por la realización responsable de su tarea; en el segundo, por el reconocimiento de su desempeño.

No existen píldoras mágicas en educación, pero sí una máxima que imprime cualquier actuación con los niños: «Atiende los comportamientos positivos de tu hijo y no atiendas (siempre que puedas) los negativos».

EL PODER DE LOS PREMIOS

Si quieres que un comportamiento de tu hijo se repita, tendrá que ir seguido por una consecuencia positiva, es decir, un premio.

Cuando hablamos de premios, no sólo nos referimos a que cada vez que tu hijo haga algo bien le des un cromo. Para un hijo lo más importante es la atención que le prestan sus padres. Por tanto, felicitarlo, darle un beso, un abrazo... es el mejor premio.

«¿Vamos a tener que darle un premio siempre que haga algo bien?», preguntaba un padre que dudaba de la eficacia de estas consecuencias. No, sólo al principio, hasta que interiorice el comportamiento, es decir que lo convierta en rutina y lo lleve a cabo sin necesidad del premio. El siguiente ejemplo nos ayuda a comprender cómo se hace esto:

Los padres de Ana, de 3 años, querían que la niña comenzara a responsabilizarse de alguna tarea doméstica. Para empezar pusieron la siguiente norma: «Cada uno recoge su plato y su vaso de la mesa después de cenar».

Se lo contaron a la niña: «Ana, todos los días vamos a poder jugar con las marionetas después de cenar, ¿qué te parece la idea? Pero antes tendrás que llevar tu plato y tu vaso a la cocina cuando termines de cenar». De esta manera le anunciaban cuál era la nueva norma que tendrían en casa y cuáles las consecuencias que se derivaban de su cumplimiento o no.

Dividieron el aprendizaje en tres fases:

Fase 1. El premio aparece siempre que se emite la conducta nueva. El primer día, sin ningún problema, Ana recogió su plato y su vaso, se le felicitó por ello y luego pudo jugar hasta la hora de irse a la cama con las marionetas y su madre.

Ahora bien, el segundo día se negó a recoger. Sus padres se mantuvieron firmes «Ana, cuando recojas tu plato, podremos jugar con las marionetas». Pero Ana actuaba como si eso no fuera con ella. Finalmente se acostó sin recoger, y por tanto sin su rato de juego. Sus padres no flaquearon a pesar de las argumentaciones que daba la niña: «Primero jugamos y luego recojo», «Estoy cansada» o incluso «Es que mi mano no puede coger el plato».

El tercer día Ana ya había aprendido la lección... Si quería jugar con las marionetas, tenía que recoger. Ese día lo hizo, y aparte de su correspondiente elogio, tuvo su rato de diversión. Aproximadamente cuando llevaba seis o siete días seguidos recogiendo su plato, sus padres pasaron a la fase 2.

Fase 2. Aumenta el número de conductas para conseguir el premio. Durante esta nueva etapa Ana y sus padres harían una obra de teatro con las marionetas siempre que durante tres días seguidos hubiese recogido los platos. Eso sí, todos los días que recogía, sus padres se lo alababan con un beso y le recordaban el premio que conseguiría a los pocos días. «Qué mayor, Ana, un beso, estás hecha una campeona. Si recoges todos los días, el miércoles haremos una obra de teatro con las marionetas».

Fase 3. El refuerzo será aleatorio. Con esta última fase se pretendía que la niña integrase la conducta en su repertorio habitual, es decir, que lo hiciese porque era su responsabilidad, porque era mayor y era lo que tenía que hacer; la motivación interna de que hablamos antes. En esta fase los padres de Ana le reconocían de vez en cuando que recogía su plato: «Ana, cómo me gusta que me ayudes, me encanta ver las cosas que haces sola». Y también de vez en cuando dedicaban algún día un rato a jugar con las marionetas que tanto gustaban a Ana.

De esta forma Ana aprendió que, al terminar de cenar, tenía de llevar su plato, su vaso y sus cubiertos a la cocina. Sus padres vieron cómo ella, sin necesidad de poner la norma, también ayudaba a poner la mesa

(«Y sin necesidad de premios») a pesar de que le decían de vez en cuando: «Ana, me gusta mucho verte hacer cosas sola, me encanta que me ayudes».

Algunas actitudes más que ayudaron a estos padres a conseguir instaurar este comportamiento fueron:

- *Actuaron de modelo.* Los niños copian, y sobre todo copian los comportamientos de sus padres, son sus ídolos, los admiran. Por tanto, si en casa todos tienen la costumbre de levantarse de la mesa después de cenar y recoger sus platos, ellos lo harán, aunque de vez en cuando muestren una ligera pereza.

- *Aprovecharon sus ganas de aprender.* Los niños pasan por etapas en las que les fascina hacer las cosas solos, quieren aprender. En ocasiones, por miedo a que rompan las cosas, las tiren o simplemente porque nosotros lo hacemos más rápido, les quitamos esa idea de la cabeza. Seguro que tú lo haces mejor, sin derramar nada, y mucho más rápido, pero así tu hijo no adquirirá nunca la misma destreza que tienes tú. Permite a tu hijo que se equivoque, que no lo haga del todo bien, que se le caigan las cosas al suelo y así pondrá interés en mejorar, además su autoestima saldrá fortalecida.

Siempre que quieras utilizar un premio para que sea efectivo, deberás tener en cuenta que:

- *Ha de ser algo que le guste a tu niño.* «No hay nada que motive a mi hijo», dicen muchos padres que suponen lo que le gusta a su hijo, pero no tienen en cuenta sus preferencias. Pregúntale a él qué cosas le gusta hacer o qué le gustaría tener.

- *Ha de ser lo más inmediato posible a la conducta que queremos que aumente.* Un dulce si ha probado un alimento nuevo, un rato de tele si ha recogido el baño a tiempo, un rato más en el parque si no se ha peleado.
- *Será proporcional a la intensidad del comportamiento.* ¿Si por recoger su habitación le compras una bici, qué harás cuando apruebe todo el curso?

Una forma divertida de premiar: el programa de puntos

Si quieres que tu hijo inicie algunas conductas o las haga más a menudo de lo que las hace y quieres hacerlo de forma lúdica, puedes utilizar un programa de puntos. Algunas de sus ventajas es que podéis trabajar varias conductas a la vez; ¡ojo! no muchas, ¡no os paséis! Dos o tres son suficientes para empezar.

Además, a tu hijo seguro que le gusta la idea y participa activamente en la preparación del cuadro, en la elección del premio, en pintar el cartel... Es una técnica efectiva hasta aproximadamente los 8 o 9 años. A esa edad ya les parece un rollo eso de las caritas, puntitos... y tendréis que empezar a utilizar los contratos (más adelante os contamos cómo hacerlo).

Los programas de puntos tienen algunas limitaciones. Por ejemplo, no se pueden utilizar durante mucho tiempo porque dejan de ser efectivos (tu hijo perderá interés en el juego). Por tanto, elige bien las conductas que quieres que tu hijo lleve a cabo antes de proponérselo.

Se trata de que tu hijo gane puntos por realizar las conductas que le pides y luego esos puntos se cambian por un premio. Ojo, sólo se ganan puntos, nunca se pierden; no aparecen puntos rojos o caritas tristes. Sólo se gana. Recuerda la máxima educativa: señalar los comportamientos positivos y obviar los negativos.

Veamos cómo poner en marcha un sistema de puntos.

1. *Elige y define las conductas que vas a poner en la tabla.*

- En positivo; evita poner «no» delante.
- Deja claro lo que esperas de él: «Comer sin levantarse de la mesa», «Terminar los deberes antes de la cena» o «Acostarse a las nueve y media».

2. *Dibuja una tabla* similar a la que te proponemos. Si tu hijo es pequeño y aún no sabe leer, puedes acompañar los enunciados de las conductas con dibujos, así sabrá a qué hace alusión cada epígrafe.

	L	M	X	J	V	S	D
Poner y recoger la mesa							
Lavarse los dientes después de cenar							
Vestirse y desvestirse solo							

Número de puntos:

PREMIO:

3. *Explica a tu hijo en qué va a consistir el juego, aclara sus dudas y decidan el premio.* «Laura, como ya eres mayor, vamos a jugar a hacer cosas sola. Todos los días tienes que poner y quitar tu plato de la mesa, lavarte los dientes después de la cena y ponerte y quitarte la ropa tú sola. Si durante esta semana consigues al menos nueve puntos (empezaremos pidiéndole aproximadamente la mitad del total a conseguir), el domingo, como premio, iremos a pasar la mañana al zoológico, ¿qué te parece?».

4. *Colgamos el cuadro en un sitio visible de la casa... y comenzamos.* Todos los días, por ejemplo, antes de que se vaya a la cama haréis un repaso de las conductas que ha conseguido y pondrá en

la casilla correspondiente una cara sonriente, a la vez que lo felicitas. Lo animarás a conseguir las que le falten al día siguiente. «Laura, vamos a poner las caritas contentas; qué bien, hoy te has lavado los dientes después de cenar y nos has ayudado a poner la mesa. Me encanta que seas tan mayor y que hagas las cosas tú sola. Aquí en la de vestirse y desvestirse, hoy no podemos poner una carita. Acuérdate que esta mañana no te has vestido, pero seguro que mañana por la mañana te vistes tu sola y consigues la carita. ¡¡Bien!! Hoy dos caritas contentas».

5. *Normas de uso:*

- No le amenazaremos con los puntos: no utilices el punto para azuzarlo a que haga algo: «Laura, si no te lavas los dientes, te quedas sin punto».
- Bajo ningún concepto le podemos quitar un punto ya otorgado.
- Sólo ponemos caritas contentas, cuando lleva a cabo la conducta especificada; si no lo consigue, la casilla se queda en blanco. Nada de caras tristes, puntos rojos o negativos.
- Acompañaremos de elogios el momento de poner los puntos, que no se convierta en un momento de regaño o de hablar de otras conductas del día.
- Le facilitaremos que consiga algún premio o se desmotivará y no continuará jugando. «Esta semana no iremos al zoológico, seguramente la que viene lo consigas. Pero esta-

mos tan contentos con el esfuerzo que has hecho que iremos a montar en bici al parque que te gusta».

6. Pasada la primera semana *aumenta el número de caritas* que necesita para conseguir el premio. Si la primera semana le has pedido nueve puntos para el premio, la segunda pídele quince y la tercera aumenta hasta dieciocho. Cuando las conductas de tu hijo se hayan convertido ya en hábitos, es el momento de que el cuadro de los puntos desaparezca (no más de tres semanas consecutivas): «Laura, estamos muy contentos y orgullosos de ti, nos encanta que seas tan mayor, y que hagas todas estas cosas tú sola —ayudarnos con la mesa, lavarte los dientes, y vestirte—, lo has conseguido y además lo haces genial. Así que ya no necesitamos este cartel de puntos».

Eso sí, de vez en cuando, elogia lo bien que sigue haciendo estas actividades.

Si tu hijo ya tiene más de 9 años, firma un contrato

Los contratos son otra forma de aplicar un premio de forma inmediata a la conducta que se utiliza con niños a partir de los 8 o 9 años, y es muy útil en la adolescencia con conductas como los estudios, las responsabilidades domésticas..., ya que a esta edad, como vimos en el capítulo 3, es el momento de negociar con él.

El esquema es así: tú te comprometes a hacer X (el niño) y a cambio nosotros nos comprometemos a Y (padres). Además si no lo haces pasará Z, pero si toda la semana haces (X), al final de la semana tendrás H.

Al igual que el programa de puntos, conviene no ser muy ambicioso al principio y no pretender cambiar todas las conductas a la vez. Empieza por las que mayor preocupación te generen.

¿Recuerdas algún contrato que hayas firmado recientemente? De compraventa, de arrendamiento, laboral, por algún tema privado... Pues se trata de darle la misma solemnidad. Habla con tu hijo de las cosas que quieres que haga todos los días y acuerda con él lo que conseguirá a cambio. Traslada toda esa información a una hoja, siguiendo un esquema similar al ejemplo que encontrarás a continuación, fírmenlo y colócalo en un lugar visible de la casa. Y a partir de ahora sólo queda que ambas partes lleven a cabo lo acordado.

El siguiente ejemplo te ayudará a elaborar su propio contrato:

En Madrid, a 1 de septiembre de 2011, mamá, papá y Alberto acuerdan:

1. Que Alberto se compromete a realizar diariamente:
   • Ponerse a estudiar a las seis y mínimo hasta las siete y media.

- Traer a diario a casa la agenda con las tareas y exámenes apuntados.
- No tener ninguna nota del profesor en la agenda indicando que se ha olvidado de realizar alguna tarea.
- Tener su cuarto recogido; esto es, no tener ropa tirada por el suelo, sus libros en su sitio y la cama hecha.

2. A cambio, Alberto podrá elegir una de las siguientes actividades diarias:
- Una hora de videojuegos.
- Una hora de Internet.
- Bajar a jugar con los amigos, una hora.

3. Además de todo esto:
- Si estudia treinta minutos más del tiempo estipulado al día, después de cenar podrá elegir entre veinte minutos de tele, de videojuego o de computadora.
- Si en algún momento Alberto pide realizar «las actividades diarias» sin haber terminado el trabajo al que se ha comprometido, se le descontarán cincuenta céntimos de su paga semanal.
- Si durante toda la semana ha llevado a cabo todas las actividades señaladas, el sábado Alberto podrá salir con sus amigos desde las cinco hasta las ocho y media.

Firmado:

Alberto, mamá, papá

Un castigo es aplicar una consecuencia negativa cuando aparece un comportamiento inadecuado para que la conducta desaparezca: «Castigado: te quedas sin el videojuego, el mp3 y sin ver la tele todo el mes», «Como sigas portándote así, cuando venga tu padre vas a ver».

Para que el castigo sea efectivo, para que consiga su objetivo, disminuir una conducta o hacer que desaparezca tiene que:

- Estar lo más próximo a la conducta (olvídate del «Cuando llegue tu padre»).
- Ser algo que no le guste a tu hijo (no lo castigues sin el mp3 cuando lleva encima de su mesa un mes muerto de risa).
- Corresponder en intensidad a lo que ha hecho («Castigado un mes sin tele por llegar tarde» no es efectivo. Es difícil de mantener, porque el tiempo que esté en casa estará encendida y acabará viéndola o pasado un tiempo no sabrá ni por qué estaba castigado. Además ¿qué harás cuando vuelva a llegar tarde? O ¿qué puede hacer para volver a ver la tele?).

Castigar no es amenazar, por eso tiene que ser algo que vas a ser capaz de cumplir. Si no, no tendrá efecto sobre el comportamiento del niño. ¿Vas a dejar a tu hijo sin regalo de Reyes? Entonces no le digas: «Como te portes mal, no te traerán nada los Reyes».

Tienes diferentes formas de aplicar una consecuencia negativa al comportamiento de tu hijo. A continuación te presentamos cuatro casos que te ayudarán a conocer las estrategias, pero recuerda que si el castigo no se alterna con refuerzo de las conductas positivas, no será efectivo.

Quitarle algo positivo

Los padres de Toni, de 7 años, no encuentran la manera de que su hijo haga los deberes. «Es un martirio, hay que estar toda la tarde detrás de él», «Tengo que repetirle más de cincuenta veces: los deberes, Toni». Cuentan sus padres que él ni caso, pasea por la casa, da vueltas en su habitación, entreteniéndose con cualquier cosa.

Para solucionar la situación se decidió quitar algo positivo a Toni cada vez que no terminase la tarea en el tiempo pactado. En su caso, minutos de videojuego.

El proceso fue así:

1. Se puso en casa un horario de tareas: «Toni, tienes de seis a siete para hacer los deberes».

2. Le contaron lo que pasaría cuando terminara: «Cuando acabes los deberes, podrás jugar con la maquinita hasta la hora de tu baño».

3. Le explicaron el procedimiento: «Toni, el tiempo de juego acabará a las ocho, que es la hora de bañarse». Todo el tiempo que se retrasara se descontaría de su tiempo de juego.

4. Sus padres dejarían de decirle constantemente que hiciera los deberes. Sólo le darían dos o tres

referencias temporales a lo largo de la tarde: «Toni, dentro de diez minutos termina el tiempo de deberes» y «Toni, a ver, ¿has terminado los deberes? Ya puedes jugar con el videojuego».

Aunque los primeros días el tiempo de juego fue más bien escaso (el primer día sólo tuvo cinco minutos), poco a poco fue aumentando. Toni entendió que era el responsable de las consecuencias de su comportamiento. Si quería tiempo de juego, tenía que terminar los deberes sin despistarse.

No prestes atención a su comportamiento

Ana cumplirá los 4 años en pocos meses y, desde hace un tiempo, cuando sus padres le piden que haga algo, intenta oponerse con un «Mamá, déjame, tú no me mandas» en el mejor de los casos, y con un «Tonta, mamá, no», cuando su enfado va creciendo. Todo esto acompañado con unos gritos ensordecedores. «Parece que se enfada mucho cuando le pedimos que haga algo», comentan sus padres. Y no sólo eso, sino que sus malas contestaciones van cada vez en aumento. Y añaden: «Ya lo hemos probado todo, lo hemos castigado en su habitación, le digo que eso no se hace», «Lo peor es que me está empezando a dar miedo decirle que no a algo».

Ana tiene que aprender que esas contestaciones no son eficaces para conseguir lo que quiere y a esta edad la mejor manera es dejar de atenderlas. Sus padres dejaron de prestar atención a estos comportamientos, no a la niña, para señalar cualquier otra acción adecuada.

Madre: Ana, recoge esos juguetes.

Ana: se hace la sorda.

Madre: Ana, recoge los juguetes.

Ana: No quiero, tonta, tú no me mandas.

Madre: Ana, recoge los juguetes.

Ana: Noooooooo, tontaaaaaa.

Madre: Ana, recoge los juguetes, y se marcha tranquilamente de la habitación para hacer otra cosa.

Ana: sale corriendo detrás de ella gritando: No los voy a recoger.

Madre: Ana, tienes que recoger los juguetes. Cuando lo hagas, te atiendo, y continúa haciendo su tarea.

Eso sí, cuando Ana recogía los juguetes era el momento de hablar con ella y alabarle su actitud. Aludiendo únicamente al hecho positivo: «Qué orgullosa estoy por lo bien que has recogido, vamos a buscar un cuento para leer juntas». Sin recriminarle lo que había hecho: «¿Ves que cuando quieres te portas bien?». Aunque al principio Ana seguía intentando eludir sus responsabilidades y continuaba manifestando esta actitud retadora, en la medida en que su madre dejó de atender esos comportamientos y premió los adecuados, las malas contestaciones de Ana disminuyeron notablemente.

Esta técnica es útil y efectiva siempre que tengas claro que el comportamiento de tu hijo tiene por objetivo llamar tu atención. No te asustes si las primeras veces que lo lleves a cabo tu hijo grita más fuerte, lanza cosas...

Es lo normal. Si perseveras en el tiempo y mantienes esta nueva actitud, en poco tiempo disminuirá su conducta. Evita utilizar esta técnica si tu hijo está atravesando algún periodo de estrés importante (por ejemplo, si ha nacido un hermano o ha empezado el colegio o está enfermo) y si tu hijo se agrede cuando se frustra.

Repáralo

A la hora de desayunar Hugo nunca se quiere tomar el zumo de naranja. Sus padres ya no saben cómo abordar la situación: «Todos los desayunos igual; cuando le dices que se lo tome, se queda mirándote fijamente, coge el zumo y vierte todo el vaso en el suelo de la cocina». Y añaden: «Al final se sale con la suya, como no tenemos tiempo se va sin tomarse el zumo y a mí me toca limpiar todo lo que mancha después».

A partir de ahora la actitud de los padres de Hugo sería diferente:

- Cuando Hugo llegara a la mesa encontraría un vaso de zumo de naranja y sólo eso. Después de tomarlo podría elegir para acompañar la leche: galletas, cereales o un trozo de bizcocho.
- En caso de que Hugo vertiese el zumo en el suelo sería el encargado de recogerlo. Con una actitud tranquila su padre le diría: «Hugo, toma el trapeador y recoge el zumo», y seguiría con lo que estaba haciendo con tranquilidad, independientemente de la reacción que tuviera Hugo.

- Hugo tendría que reparar aquello que había hecho.
- Una vez recogido, Hugo se sentaría a desayunar y su padre le pondría de nuevo un vaso de zumo.
- Eso sí, al principio se le facilitarían las cosas y la cantidad de zumo en el vaso sería mínima. Si Hugo no se tomaba el vaso de zumo, no habría nada más que agua hasta la siguiente comida.

Poco tiempo después Hugo se dio cuenta de que no era tan divertido derramar el zumo. Lo que antes era un juego con sus padres, se había convertido en una actividad poco agradable para él. Decidió dejar de derramarlo al no conseguir sus propósitos: librarse del zumo y mantener a sus padres pendientes de lo que hacía. La atención de sus padres se centró en alabanzas del tipo: «Genial, hoy seguro que acabas el zumo en poco tiempo, me encanta sentarme a desayunar contigo y que nos contemos cosas, eres un campeón». Y a Hugo le pareció mucho más divertido charlar de sus cosas que «llamar la atención con el zumo», así hubo churros el sábado para celebrar que Hugo tomaba zumo y dejaba el vaso en la mesa.

¡A pensar!

Sandra tiene 3 años y su hermana pequeña, Sofía, ha empezado a andar. Aunque la relación entre ambas hermanas es buena, su padre comenta que «Últimamente Sandra, cuando estamos todos, pasa al lado de su hermana y la empuja suavemente. Lo justo para que la inexperta Sofía termine en el suelo». Su madre añade: «Le hemos dicho que no la empuje, que no sabe andar bien y se cae al suelo y se puede hacer daño. Pero no hay regaño que valga, cada vez lo hace más». Para atajarlo sus padres utilizaron la técnica «a pensar».

El objetivo de esta técnica no era que Sandra pensara, sino retirarla un tiempo de la actividad que estuviera haciendo para que aprendiera que actuar adecuadamente le permitía seguir disfrutando, empujar a su hermana no.

1. Cuando Sandra empujara a su hermana sus padres en un tono tranquilo pero firme le dirían: «Sandra, no se empuja a Sofía; siéntate aquí hasta que yo te avise».

2. Sus padres llevarían a Sandra a un lugar donde la niña no tuviese distracciones y permanecería aproximadamente tres minutos (un minuto por año).

3. Durante ese tiempo los padres seguirían atendiendo a Sofía.

4. Pasado este tiempo Sandra se podría incorporar nuevamente a la actividad familiar. «Bien, Sandra, has estado este rato aquí sentada, ahora puedes venir con nosotros, si vuelves a empujar a tu hermana, tendrás que volver aquí».

La dificultad de esta técnica radica en la negativa del niño a quedarse en el sitio, porque si sus padres corren detrás de él para conseguirlo, la técnica pasa a convertirse en un divertidísimo juego para el niño. En el caso de Sandra si se iba del sitio, la consigna era ir, cogerla de la mano, llevarla de nuevo a la silla y únicamente decirle: «Siéntate aquí y espera hasta que yo venga a buscarte».

Si tu hijo es de los que no se mantienen sentados y al final terminan forcejeando para que lo haga, te recomendamos que utilices cualquier otra técnica de las que hemos descrito anteriormente. Esta técnica funciona bien en colegios o grupos grandes de niños, su eficacia se reduce en otros ambientes.

PREMIOS Y CASTIGOS EN SU JUSTA MEDIDA

Hemos empezado el capítulo diciendo que las consecuencias son necesarias para conseguir que un niño abandone un comportamiento y lleve a cabo otros. También que los premios no siempre han de ser materiales: una frase de alabanza, un beso, un abrazo o un privilegio son más potentes para conseguir fomentar un comportamiento.

Ya sabes que la saciedad de refuerzo hace que eso que es un premio para el niño deje de serlo si aparece con demasiada frecuencia. Por ejemplo, si todos los días come chucherías, no servirá de premio para ponerse el pijama, porque ya las obtiene sin esfuerzo. Aunque puedes retirárselas si no se lo pone, porque el castigo es otra técnica que hace aparecer la conducta adecuada.

A veces los refuerzos o los premios, sobre todo los materiales, aparecen de forma indiscriminada. «Todos los días tienes que comprarme algo porque sí», unos cromos, unas golosinas... Si es así, pierdes la oportunidad de que aprenda el valor del esfuerzo. Otras veces no aparecen de forma proporcional a la conducta y el niño piensa que con poco esfuerzo consigue lo mismo que con mucho y deja de empeñarse en hacerlo mejor.

Un buen consejo es reservar aquellas cosas que le gustan mucho a tu hijo para ocasiones especiales. Como cuando los adultos nos premiamos con una comida especial, una compra de un capricho o cualquiera de esas cosas que nos concedemos cuando «nos merecemos un premio».

Y ya para terminar, si eres de los que se plantean: «Sí, esto de los premios y castigos está muy bien, pero no funciona con mi hijo, le da igual que le quite o le dé algo, se entretiene con otra cosa», ten en cuenta varias cosas:

- Quizá lo que le estés ofreciendo como premio (o lo que le estés quitando por castigo) no es algo que realmente le gusta. Una buena solución es preguntarle qué le gustaría conseguir, si durante toda la semana tiene la habitación recogida.

- Si está todo el día castigado, seguramente pensará: «Da igual lo que haga, siempre estoy castigado». Si desde hace dos meses no tiene ni el videojuego, ni los muñecos de moda, ni la tele, prueba a fijarte durante tres días únicamente en las cosas positivas que hace tu hijo (que son muchas) y en cuanto descubras una díselo (obvia, si es posible, las negativas). O bien durante un par de semanas, por ejemplo después de cenar, puede sentarse toda la familia junta y cada uno decir tres cosas que hayan hecho los otros que le haya gustado. De esta forma, también conseguirás que repita más a menudo esas cosas que tanto te gustan.

- A veces los niños tratan de disimular la importancia que para ellos tiene la consecuencia diciendo: «No me importa». Pero ¿realmente crees que es igual de divertido para tu hijo bajar al parque a jugar con sus amigos, que quedarse toda la tarde en casa? Si has decidido que no baja al parque hasta que no termine sus tareas, mantente firme, anímalo; el día que las termine a tiempo reconocerá que vale la pena el esfuerzo de hacerlas a su hora y poder disfrutar de una tarde con amigos.

Capítulo 8

Dificultades y cómo solucionarlas

TIENE RABIETAS

Eva tiene 3 años. Sus padres están muy preocupados porque lleva una racha de rabietas que está «insoportable». Cuentan cómo todos los días, en dos o tres ocasiones, Eva «se tira al suelo, se pone a patalear, llora y grita», y añaden: «Da igual por lo que sea, cuando le dices que NO puede hacer algo que ella quiere, pataleta».

A través de la actuación de los padres de Eva podrás aprender a disminuir tanto la frecuencia como la intensidad de las rabietas. Aunque antes de aplicarlo debes estar convencido de lo que vas a hacer, si no tu firmeza se tambaleará y difícilmente alcanzaras el objetivo.

Si tu hijo con esta conducta (tirarse al suelo, llorar, patalear...) consigue lo que quiere —ya sea algo material o simplemente llamar tu atención—, lo volverá a hacer, ya que aprende a insistir porque sus padres dicen que no a la primera, pero con un grito más insistente ceden.

Mientras que si te mantienes firme, aprenderá que esa manera no vale para pedir las cosas.

También ten en cuenta que al principio puede que tu hijo intensifique su comportamiento. Hasta ahora le ha servido y no entiende por qué ahora no. Pensará algo como: «¡Huy! Igual es que no se han dado cuenta de que estoy llorando, voy a gritar más o a tirar ese libro al suelo».

Lo que los padres de Eva hicieron para conseguir disminuir sus rabietas fue:

1. Cada vez que aparece la rabieta ignorar este comportamiento y continuar con lo que estaban haciendo.
2. Decirle cómo los hacía sentir su comportamiento: «Me estoy enfadando mucho».
3. Le hacían saber que no iba a conseguir lo que quería: «Lo siento, pero no te comerás el dulce hasta después de cenar».
4. Decirle con firmeza lo que esperaban de Eva: «Cuando te tranquilices y dejes de llorar, te atiendo».
5. Retirarse de la situación y esperar un tiempo (aproximadamente un minuto por año). Si en este momento Eva se iba detrás de sus padres llorando y gritando por toda la casa (es lo que solía ocurrir), ellos seguían con sus quehaceres o iniciaban otra actividad sin atender a la niña (ojo, que atender es hablarle, quedarnos mirándola, cogerla en brazos, dar un grito...).
6. Pasado este tiempo volvían a donde estaba Eva o la miraban y le decían nuevamente: «Cuando te tranquilices, te atiendo».

7. Cuando Eva se tranquilizaba, por mucho tiempo que hubiese estado llorando, premiaban su nueva actitud: «Cómo me gusta que estés así, tranquila; ahora podemos hablar». Éste era el momento de cogerla, darle un beso... Por mucho que les hubiera enfadado su comportamiento anterior, para que su esfuerzo sirviera para conseguir el objetivo, tenían que olvidar el acontecimiento tan rápido como lo hacía Eva.

8. Si durante la rabieta Eva lanzaba cosas al suelo, esperarían a que las recogiese cuando la niña se calmara, nunca durante el enfado. Eso sí, primero irían los besos y la celebración por «lo que les gustaba verla así de tranquila».

Primero empezaron trabajando las rabietas dentro de casa. Las que ocurren fuera son más complicadas, ya que influyen los demás —«Qué pensará la gente si ve que dejo llorar a mi hijo en medio de la calle», «Creerán que no soy buen padre»— y el entorno —puede salir corriendo y tendrás que ir detrás, no te puedes retirar mientras se calma...—, y todo esto hace que seas más indulgente. Mientras, puedes utilizar otras consecuencias: «Te has comido la paleta, hoy ya no habrá más».

Pasado un tiempo prudencial en el que habían disminuido notablemente las rabietas de Eva en casa, llegó el momento de intervenir en la calle. ¿Qué hacían entonces sus padres?

Lo mismo que en casa, pero con algunas salvedades:

1. (Lo más difícil). Olvidarse de los espectadores, pensar que han podido enfrentarse a este comportamiento en casa y que lo han conseguido y que su actuación es independiente de lo que piensen los demás.

2. Mantener la calma y la seguridad.

3. Si la rabieta tenía lugar en un sitio público —una tienda, un restaurante, un centro comercial—, llevarían a Eva a un sitio alejado del lugar, un banco de la calle, por ejemplo, y la sentarían en él. Repitiéndole la misma consigna —«Cuando te tranquilices, hablamos»— mientras esperaban a su lado a que se calmase, únicamente repitiendo esta frase, sin atender su comportamiento.

4. Si Eva salía corriendo por la calle, sus padres tendrían que ir por ella y sin decirle nada, llevarla de nuevo a un banco o un lugar donde esperar a que se calmara, repitiéndole la frase: «Eva, cuando te calmes, hablamos».

Era importante saber qué hacer si el comportamiento de Eva en plena rabieta era peligroso. Era necesario, en primer lugar, alejarla del peligro. Por ejemplo, si en medio del berrinche Eva se iba a la cocina empezaba a sacar todos los cubiertos del cajón incluidos los cuchillos, o se acercaba a una ventana y amenazaba con abrirla y asomarse, tendrían que:

- Mantener la calma, no perder los nervios ni gritarle. Hablarle de forma tranquila y firme sin hacer alusión al peligro con frases tipo: «Cuidado con los cubiertos», «¡No te acerques a la ventana!».

- Ponerse entre el objeto peligroso y la niña o simplemente retirar ese objeto. Situarse delante de la ventana mirando para otro lado, ocultar los cuchillos y quitarlos de su alcance.
- Repetirle lo que esperaban de ella: «Cuando te tranquilices, hablamos».

De esta manera sus padres consiguieron reducir las rabietas de Eva y le enseñaron a expresar su enfado sin gritos ni pataletas. En resumen, Eva aprendió a pedir lo que quería y que podía enfadarse pero controlando sus emociones.

No se olvidaron de la clave del éxito: decirle lo orgullosos y contentos que se sentían cuando la niña se calmaba, por muy intensa que hubiese sido la pataleta.

Las investigaciones más relevantes —F. L. Goodenough (1931), J. W. MarcFarlane (1954), N. Richman (1982)— sobre las rabietas concluyen:
- Las rabietas ocurren con más frecuencia al final de la mañana, al final de la tarde y a la hora de irse a dormir, que, por otra parte, son momentos en los que los niños están más cansados o con hambre.
- La rabietas son frecuentes entre niños de 2 a 5 años, teniendo su punto más álgido

entre los 2 y 3 años, para poco a poco volverse más cortas y suaves.
- El 70 por ciento de los niños con comportamiento difícil con 3 años continuaban
teniendo el mismo comportamiento un año
después si no se llevaba a cabo ninguna
intervención.

ME INSULTA, DA MALAS CONTESTACIONES

De repente el niño dulce y angelical que sólo protestaba
con un «no quiero», se ha convertido en un alien que
cuando se enfada dice cosas como: «Yo hago lo que quiero», «Vete a la mierda», «Déjame, tonto», y un sinfín de
curiosas expresiones. «¿Qué ha pasado? ¿Dónde ha
aprendido eso? ¿Quién se lo ha enseñado?».

Los niños, desde que hablan, descubren que tienen efecto en los de alrededor algunas palabras dichas
con un determinado tono de voz y en determinada situación, y aunque no sepan su significado tienen claro
que generan reacciones más o menos exageradas en
los demás.

Algunas veces empiezan provocando carcajadas.
Un renacuajo que no levanta un metro del suelo suelta un
«¡joder!», y hace reír, pero cuando vuelve a repetirlo ya
se encuentra con el «Eso no se dice» o incluso «Como lo
vuelvas a decir te lavo la boca con jabón». De esta forma
descubre que con su lenguaje provoca emociones.

Los padres se enfadan mucho y no paran de darle vueltas a cómo lo ha aprendido. No te martirices. Están los que las aprenden «en el cole», «en la tele», o a lo mejor alguna vez se te ha escapado a ti. De todos modos hay que permanecer alerta para distinguir si se trata de un hecho aislado o si su comportamiento grosero se repite constantemente. Intenta no acusar a sus compañeros o amistades. Evita: «Desde que vas con Juan no haces más que decir palabrotas, tienes que dejar de jugar con él», y sustitúyelo por: «Parece que últimamente, cuando te enfadas, dices muchas palabrotas, quieres que te ayude a buscar otra respuesta cuando te enfades». No sentirá que cuestionas sus amistades sino su comportamiento.

Recuerda, como vimos anteriormente (capítulo 3), que estas respuestas aisladas son normales y forman parte de su desarrollo, ¿o sabes de algún niño que nunca haya dicho una palabrota o haya dado alguna mala contestación? Abandona frases como: «No me hables así», «Eso no se dice», «A mí nadie me habla así y menos mi hijo» o «Mi hijo no debe contestarme de esta manera». Cualquier reacción por tu parte mantiene las malas contestaciones porque el niño consigue su objetivo: llamar tu atención.

Puedes hacer que disminuyan su frecuencia aplicando sistemáticamente las siguientes pautas:

- Hasta los 4 o 5 años es suficiente que obvies el insulto o mala contestación. Obviar es no tener ninguna reacción cuando lo dice. Date la vuelta tranquilamente y continúa con lo que estabas haciendo. Aunque lo notes más impertinente (que lo hará al principio), permanece impasible a sus palabras. Cuando te diga algo en buen tono (por ejemplo: «Por favor, mamá, ¿me das agua?»), atiendes su petición, como si no hubiese pasado nada, sin mencionar sus contestaciones previas.

● Si tiene más de 5 años, probablemente conoce el significado de lo que dice y lo hace con la intención de dañar. Por tanto, este comportamiento ha de tener una consecuencia inmediata.

a) Puedes decirle que cada vez que te conteste mal o insulte se le restarán cinco minutos de tele del rato que la ve después de cenar.

b) O bien si no insulta/contesta mal a lo largo de la semana (o por lo menos disminuye la frecuencia), podrá conseguir un premio el fin de semana. Por ejemplo, Carmen dijo a su hija: «Te voy a dar cien fichas dentro de esta caja. Si el sábado a mediodía aún tienes setenta y cinco, podrás ir con tus amigas a patinar a la pista de hielo. Por cada mala contestación o insulto que digas te pediré dos fichas». Cada vez que la niña daba una mala contestación, su madre, sin malas caras, ni enfados, le pedía que le entregara dos fichas. Y el sábado, si tenía fichas suficientes, podría disfrutar del merecido premio. Al principio, igual que hemos visto con el programa de puntos, tienes que intentar que tu hijo lo consiga. Pónselo fácil para ir aumentando la dificultad de conseguir el premio poco a poco.

CUANDO SE ENFADA ME PEGA

Los puñetazos, las patadas, los arañazos, los pellizcos y demás son comportamientos que algunos niños pueden llevar a cabo cuando se enfadan; se trata de una expresión más de su disgusto y suelen aparecer cuando su enfado va en aumento.

Si en algún momento las pataletas y los gritos han sido efectivos para conseguir su objetivo, cuando los padres se ponen más rígidos con el mantenimiento del NO, los niños despliegan nuevas habilidades para conseguir lo que quieren y aparecen todas estas artimañas. Otras veces han visto a compañeros que las han usado y como han sido eficaces deciden hacer lo mismo. También es una manera de insistir más: «Papá, mamá ¡quiero esto!». Y si de esta manera lo consigue, aunque sea una sola vez, con toda seguridad seguirán utilizando este recurso.

«No aguanto que mi hijo de 3 años me pegue; si ahora hace eso, qué hará con 16», argumentan algunos padres.

Hasta los 3-4 años esta conducta no tiene la intención de dañarte, sino de demostrar lo enfadado que está, y como le faltan palabras para contártelo, usa lo que se le ocurre. La mejor actitud será apartarte y no tener ninguna reacción ante su provocación.

«Se la devuelvo... me enfado... le insulto... le grito... lo castigo...». Puedes estar tentado a tener cualquiera de estas reacciones. Pero lo único que hará que deje de pegar será «no atender su comportamiento», porque aprenderá que eso «no vale», que no se consigue nada pegando, sino expresando tranquilamente lo que uno quiere.

¿Qué pasa si «se la devuelvo»? Le transmites que, cuando no sabes cómo resolver un conflicto o las cosas no son como te gustaría, la agresión es una manera válida de solución. Así corres el riesgo de que cuando encuentre alguna dificultad en el colegio o en otra situación, imite la solución que sus padres dieron por válida: agredir.

Hasta los 5 años la mejor reacción que puedes llevar a cabo en el momento en que tu hijo en plena rabieta te propine un puñetazo o una patada es darte la vuelta y seguir con lo que estabas haciendo o empezar una nueva actividad, únicamente acompañado de un firme «no» o «basta». Si es necesario puedes irte a otra habitación de la casa o separarlo físicamente con las manos. En el momento en que se haya calmado le dirás: «Cómo me gustas cuando estás así conmigo, si me vuelves a pegar me voy a tener que ir».

A partir de los 5 años es el momento en que este comportamiento ha de ser sancionado de alguna manera. La actuación que tendrás que llevar a cabo será similar a la del siguiente ejemplo:

Últimamente Dani, de 6 años, al enfadarse con sus padres, termina dándoles alguna patada, puñetazo, pellizco o manotazo. Los enfados de Dani responden a cualquier pequeña frustración o contrariedad como cuando le dan alguna orden. Los padres de Daniel lo habían probado todo, le habían dicho infinidad de veces las típicas frases: «Hijo, te lo he dicho muchas veces, a papá no se le pega, siempre igual, qué malo eres». En algunas ocasiones «le ponían a pensar», otras llevados por la impotencia terminaban gritándole o incluso llorando. Desesperados, nos piden un plan de intervención. El objetivo era enseñar a Daniel a enfadarse. Sí, sí, has entendido bien. Por raro que te parezca, el objetivo siempre será que el niño aprenda a manifestar su enfado. Si les transmites que el enfado hay que reprimirlo, o te ríes de él cuando más iracundo está, le va a ser muy difícil controlar su genio.

Cuando el niño volviera a pegar los padres:

● Mantendrían una actitud tranquila y serena: si Daniel ve que sus padres resuelven de forma tranquila las dificultades, aunque estén enfadados, los imitará cuando se sienta así.

● Con un tono de voz firme, pero sin gritarle ni zarandearlo, le dirían: «Dani, cuando me pegas yo me enfado y me pongo triste», «Entiendo que te hayas enfadado por no poder ver la tele, ¡pero no se pega!», «Si me vuelves a pegar, esta noche no podrás leer tu cuento».

● Y lo más importante, lo cumplirían, y si Daniel volvía a pegar sus padres se retirarían e intentarían evitar la agresión, pero por la noche tras la cena se acostaría sin tiempo para leer. En situaciones parecidas recuerda avisar a tu hijo antes:

«Si continúas haciendo, pasará...». Y es importante que esperes a que tu hijo se calme para comunicarle la consecuencia, de lo contrario su enfado aumentará porque además de no poder ver la tele, no puede leer por la noche.

- Y para terminar la situación, aunque les costara después de las patadas: una vez que Daniel estaba tranquilo, el enfado de sus padres también tendría que desaparecer (y olvidarse) con la misma rapidez. No tiene mucho sentido estar dos días enfadado con el niño por algo que haya hecho. Incluso sería bueno aprender de los niños la facilidad con la que olvidan lo que les enfada.

Recuerda que una consecuencia negativa tiene que ser algo que a tu hijo no le guste o bien dejar de hacer algo que le guste mucho. Si en este caso a Dani no le gustara leer por la noche, no tendría mucho sentido ponerlo de consecuencia. Vosotros, los padres, sois los que mejor conocéis a vuestros hijos, averiguad lo que les gusta.

No sabe controlarse

«Mi hijo se parece al Doctor Jekyll y Míster Hyde», «De repente está tan tranquilo y se transforma», «Parece que está poseído», son algunas de las frases que utilizan los padres para contar que su hijo no sabe controlarse.

Un niño con 2 años no sabe expresar lo que le pasa y cuando se enfada lo más probable es que lo manifieste tirándose al suelo y pataleando. Mientras que los niños de 4 años es habitual que pasen por rachas de desobediencia y de rebelión a la autoridad y entonces los enfados los manifiesten con gritos, insultos y patadas. Que sea normal en su desarrollo no quiere decir que desde casa no tengáis o podáis hacer nada.

A controlarse hay que aprender; se trata de un proceso guiado en el que averigua el modo adecuado de contarte cómo se siente. Necesita que aparezcan los siguientes pasos. ¡Ah! Y no se produce de un día para otro:

1. *Pon nombre a lo que le pasa.* Cuando se enfade y grite, llore, patalee:

    - Dile lo que le ocurre: «Veo que estás enfadado».
    - Añade que no te gusta cómo lo está expresando: «Cuando dejes de llorar, hablamos».
    - Haz que entienda la repercusión que tienen sus actos sobre los demás, las emociones que despiertan: «Cuando me pegas, me pongo triste y enfadado».
    - Cuando se haya tranquilizado, habla de cómo se siente él cuando le pegan, y cómo esos sentimientos son los mismos que su comportamiento puede despertar en otros: «¿Cómo te sentiste tú cuando Juan te pegó ayer en el parque? Entonces ¿cómo crees que se ha sentido tu hermano al pegarle?».

2. *Que ponga nombre a lo que le pasa.* Con el fin de que se habitúe a contar lo que le pasa puedes hacer algún juego en el que tenga que expresar

las emociones: por ejemplo, parte una cartulina en algunos trozos. En cada pedazo dibuja una cara con la expresión de una emoción (la carita triste, contenta, enfadada...). Pon en la puerta de su habitación una cartulina con la frase «Ahora me siento», y un espacio en blanco para que tu hijo pueda poner la carita adecuada para cada momento. Explícale que cuando se sienta enfadado, lo diga e inmediatamente se vaya a cambiar el «cómo se siente», lo mismo cuando esté contento, triste, sorprendido...

Las emociones se pueden medir en intensidad. Uno tiene distintos grados de enfado, puede estar más contento unos días que otros, o estar un poquito o muy triste.

Este planteamiento puede ayudar a que tu hijo entienda que algunas reacciones son desproporcionadas al acontecimiento que lo genera. El juego anterior lo puedes acompañar de una especie de «termómetro emocional» en el que el niño pueda señalar en qué grado se está enfadando y que a medida que va aumentando la temperatura puede estallar. Pedimos al niño que señale (del 0 al 10) qué temperatura tiene en distintas situaciones. «Lo mismo que al termómetro le ocurre a tu cuerpo cuando te sientes muy enfadado o muy triste o muy contento. No es bueno que siga subiendo el calor porque el termómetro estallaría. Para bajarlo hay que parar el calor. Tú puedes hacer lo mismo con tu cuerpo si antes de hacer nada respiras, esperas y dejas que baje la temperatura».

3. *Que aprenda a controlarse.* Para conseguir que disminuya la *temperatura* de su enfado te presentamos una forma de que tu hijo aprenda a reflexionar antes de actuar. Consiste en que cuando note que se está enfadando, pare, se tranquilice y luego que resuelva la situación que le ha generado el enojo, es decir, que adquiera autocontrol.

Si por el contrario actúa sin pensar, esto es, en pleno estallido, su respuesta será exagerada y desproporcionada. Sería algo tipo al «mejor no le digo nada ahora que estoy en pleno calentón, cuando me tranquilice ya veré qué hago» que utilizamos los adultos. Entonces para que tu hijo aprenda esta habilidad:

- Busquen juntos un rincón en casa, su habitación es el que suelen elegir.

- Elijan juntos una palabra clave que sea corta y convincente; por ejemplo: «¡para!», con la que le recordarás que hay que poner en práctica la técnica. Ensaya con él los pasos que ha de seguir cuando la oiga:

  a) La palabra clave: «Te voy a enseñar a utilizar un secreto que te ayudará a relajarte cuando te enfadas. Así que tendrás que estar atento, y cuando te diga "¡para!" irás a tu cuarto, entonces tendrás que utilizar la postura secreta y permanecer así hasta que notes que se pasa tu enfado. Vamos a probar cómo se hace».

  b) La postura: sentados en el suelo flexionamos las rodillas y nos abrazamos las piernas apoyando el mentón sobre el pecho. «¿Ves? Es como si nos hubiéramos encogido».

  c) La relajación: una vez que haya adoptado la postura secreta, dile que respire lentamente y siga estas pautas (hazlo tú con él para que pueda imitarte): «Tensa el cuerpo cuando cojas aire y relájalo cuando lo expulses». También puedes enseñarle a que cuando esté en la postura secreta se imagine una escena relajante para él (acariciando a un animal, jugando en la arena de la playa... o cualquier otro momento en el que hayas visto tranquilo a tu hijo).

- Cuando en casa se produzca una situación donde el niño se enfade, dile la palabra clave y acompáñalo a realizar el ejercicio. Al principio tendrás que ayudarlo, porque le costará recordar cuándo hacerlo.

- Una vez que lo haya aplicado con éxito en casa, empieza a probar fuera. Deja pasar un tiempo prudencial antes de emprender el segundo paso: que él sea capaz de decirse a sí mismo: «Estoy enfadado y me voy a ir a mi habitación a relajarme»; es decir, que adquiera autocontrol, para lo cual tienes que dejar de decirle la palabra clave. Siempre que utilice esta técnica alábale lo bien que recurre a su «secreto».

4. *Enséñale a expresar las emociones.* Un niño que aprende a expresar las emociones desde pequeño será una persona inteligente emocionalmente, lo que hará que aumenten sus posibilidades de éxito en su vida en pareja, con los amigos, compañeros de trabajo, es decir será más feliz consigo mismo y en sus relaciones sociales.

Con las acciones del apartado anterior enseñarás a tu hijo a expresar las emociones, a ser capaz de hablar sobre ellas y a tener una reacción más contenida en situaciones de tensión. Ésos serán los deberes de tu hijo, los tuyos los encontrarás en el siguiente listado:

- Evaluar siempre su comportamiento. Dile lo que te parece, pero nunca juzgues lo que siente, sus emociones. No le quites la importancia que se merecen con frases como: «Bah, ¿y por esa tontería te pones triste?».
- Transmítele que las emociones no son ni positivas ni negativas. La tristeza es tan importante como

la alegría y, si no sientes una, no sabrás identificar la otra.

- Déjale que piense él en las soluciones: «¿Qué se te ocurre que puedes hacer la próxima vez cuando no te dejen jugar?».
- Expresa las consecuencias a su comportamiento: «Cuando tú me gritas, yo me siento muy triste».
- Hazle preguntas básicas para que aprenda a identificar, expresar y manejar sus emociones: «¿Cómo crees que se siente tu amigo? ¿Por qué crees que es así? ¿Qué ha hecho para resolverlo? ¿Alguna vez te ha pasado a ti algo parecido?».
- No lo fuerces con interrogatorios, amonestaciones, consejos... que puedan llevarlo a evitar contarte las cosas.
- Premia sus logros, hará que su motivación aumente.
- Cuéntale tus propias experiencias, hazle de modelo, háblale de cómo has actuado y qué has sentido en algunas situaciones.
- Aprovecha situaciones cotidianas para contarle cómo se siente: «Te has puesto muy contento cuando te han regalado ese Transformer, ¿eh?», y cómo no, de cómo te sientes tú: «Yo en cambio estoy muy orgulloso de cómo le has dado las gracias».
- Recuerda ponerle nombre a lo que siente, es pequeño y no sabe cómo contarlo «Veo que estás enfadado, pero no voy a comprarte eso».
- Dile «no» siempre que haya que decírselo.

5. *Enséñale a solucionar los problemas.* En este punto ya has enseñado a tu hijo lo que le pasa, le ha puesto nombre, incluso reflexiona sobre la intensidad de su emoción para, antes de explotar, retirarse, tranquilizarse. El último paso es que piense cómo va a solucionar el conflicto que originó esa reacción. Ahora se trata de que aprenda a ser reflexivo (en contraposición al grito, patada o insulto que tiene que ver más con la impulsividad).

Si hasta aproximadamente los 4 años hemos encauzado sus rabietas, ha aprendido que sus actos tienen consecuencias, poco a poco irá adquiriendo el control de impulsos.

Con el fin de que tu hijo consiga un esquema ordenado de solución de problemas, enséñale y sigue los pasos que tienes en la cabeza tú cuando te encuentras con una dificultad:

- Definir el problema.
- Buscar alternativas de solución y elegir una.
- Pensar un plan de actuación y llevarlo a cabo.
- Evaluar la ejecución del plan y los resultados obtenidos.

Será muy útil practicar con situaciones cotidianas que te cuente. Por ejemplo, si tu hijo hoy ha llegado del colegio y le ha pegado a un compañero, habla con él siguiendo este esquema:

—¿Por qué le has pegado a Juan?

—Es que me ha quitado el trompo con el que estaba jugando.

—Bien, Juan te ha quitado el trompo y qué se te ocurre que puedes hacer si esto vuelve a pasar.

—No pegarle.

—Muy bien. ¿Qué más puedes hacer?

—No sé.

—Qué te parece si le dices: «Juan, devuélveme el trompo, que estaba jugando con él».

—¿Pero si me dice que no?

—¿Qué puedes hacer?

—Decírselo a la profesora.

—Bien. ¿Cómo crees que se siente Juan cuando le pegas?

—Triste y enfadado.

—¿Y cómo crees que se sentirá de esta nueva forma?

—Mejor.

—Pues recuerda, la próxima vez que alguien te quite algo en el recreo dile: «Devuélvemelo, que estaba jugando yo con eso», y si aun así sigue sin dártelo, díselo a tu profesora.

Al día siguiente:

—Hoy Juan me ha quitado las cartas de los Pokemón.

—¿Y qué has hecho?

—Le he dicho que me las devolviera, que eran mías.

—¿Y qué ha pasado?

—Me las ha dado.

—Muy bien, ¿a que estás más contento de lo que has hecho en lugar de pegarle?

—Sí.

—Enhorabuena, estoy muy orgulloso de ti, dame un beso.

Tu hijo tiene que hacer todo el proceso al principio contigo y, poco a poco, llevarlo a cabo solo. De esta manera conseguirás que *pare y piense antes de actuar,* que, recordemos, es la estrategia para conseguir que se controle.

MI PAREJA Y YO TENEMOS CRITERIOS DIFERENTES

Una queja habitual de muchos padres es la dificultad de llegar a acuerdos sobre la educación de sus hijos. La mayoría está conforme con la filosofía educativa, pero los conflictos vienen con las rutinas y normas cotidianas. «Es muy blando, eres demasiado rígida, no te implicas lo suficiente o de todo haces un mundo», son algunas de las frases que se dedican.

Cada miembro de la pareja procede de una familia diferente en la que se han transmitido unos valores y criterios distintos que ahora hay que unificar. La falta de tiempo no permite, en muchos casos, tiempos de reflexión para decidir cuáles de esos criterios son importantes y por qué.

El niño pronto descubre estas diferencias y las aprovecha porque seguramente si mamá no le deja hacer algo, papá se lo permita. Ésta es la típica situación en la que mientras los padres se enzarzan en una acalorada discusión sobre si es hora de dejar el videojuego o no, el niño muy despacio se dirige a la computadora y sigue jugando.

Lo primero y fundamental es buscar momentos en los que, sin la presencia de los hijos, ustedes puedan hablar y discutir criterios o normas de actuación. Así, si hay que apagar los videojuegos a partir de las ocho, uno u otro lo haga cumplir.

El *primer paso* en esta charla con tu pareja será que entre los dos definan las normas que estarán presentes en casa y luego pónganse de acuerdo sobre cómo actuar si se cumplen o no para después contárselo a vuestro hijo.

No empiecen por hablar de todas las normas necesarias en casa. Si como tarea el primer día llegan al acuerdo sobre una y sus consecuencias, ¡genial! En cuanto comprueben los beneficios de su nueva actuación, dediquen más ahínco a encontrar esos huecos de tiempo y tardarán menos en llegar a acuerdos.

Respetar el criterio del otro delante del niño, aunque no se esté de acuerdo, será su *segunda tarea* y casi su filosofía. Más tarde, en su «rato para padres», será el momento de hablar con tu pareja sobre lo que te ha parecido bien o lo que crees que debe cambiar de su actuación.

A continuación te describimos algunas dificultades habituales que puedes encontrar a la hora de coordinarte con tu pareja, así como las soluciones que te ayudarán a resolverlas.

En lugar de...	Hazlo así...
Si no estás de acuerdo en cómo tu pareja está resolviendo la situación...	Entrar como «un elefante en una cacharrería» y solucionar la situación para evitar que tomen el pelo a mi pareja, con lo que tu hijo aprenderá a quién pedir las cosas para conseguirlas.	Deja que termine la intervención, y si es necesario retírate. Cuando no estén los niños delante cuéntale que no estás de acuerdo y piensen cómo actuar la próxima vez. De esta forma su hijo entiende que no se puede zafar de las consecuencias a su comportamiento, se acabó el: «Mamá es buena, y tú, no».
Si ha perdido los nervios...	Reprocharle su falta de paciencia y exigirle que se vaya y me deje a mí acabar la situación. «Anda, anda, lárgate de aquí, que ya resuelvo yo, eres como un niño más». Con lo que el niño aprende a sacar de quicio a sus padres para salirse con la suya.	Turnarse es la solución. Establezcan un gesto (tocarse en el brazo), o frase («Sigo yo»). El otro, al escucharla, se retira para tranquilizarse. El niño, de esta manera, entiende que la forma de hacerlo puede ser distinta, pero sus padres esperan lo mismo de él.
Si vuestro hijo pide hacer algo que no habéis hablado previamente...	«¿Me puedo quedar a dormir en casa de Pedro?». Respondes: «Ni se te ocurra», pero tu pareja salta con un: «¿Por qué? Puedo acercarlo yo y lo recogemos mañana». Insistes: «Pero, bueno, te estoy diciendo que no, que no tiene edad». Y él te replica: «Que ya ha crecido ¡y no te enteras!». Acabas con un «Bien! Haz lo que te dé la gana. Total, mi opinión nunca cuenta». Con esto vuestro hijo aprende a utilizar la sorpresa y la discusión que genera una decisión precipitada para obtener beneficios.	Antes de tomar una decisión unilateral le dirás a tu hijo: «Lo hablo con tu padre y te lo contamos». Entre los dos, y sin que el niño esté delante, decidirán qué hacer y luego se lo comentan. El niño entiende que entre sus padres hay unanimidad de criterio, se acabó: «Papá me deja, y tú, no».

	En lugar de...	Hazlo así...
«Nunca haces»...	Entre la hora del baño y la cena descubres que no ha ordenado su cuarto y mientras recoges tú, le dices: «¡Vete con tu madre, a ver si se ocupa de ti un rato, que yo ya no puedo más!». El niño aprende a alargar eternamente las rutinas para evitar cumplirlas.	Deberes, baño, cena o recoger. A veces es bueno intercambiarse tareas entre ustedes. El niño entiende que las rutinas en casa son inamovibles, se acabó: «Con mamá hago, y contigo, no».
Uno es el permisivo y el otro el «malo».	«Cuando llegue papá te vas a enterar», es la mejor frase para convertir al otro en el perfecto sargento. El niño aprende a atender las normas si las dice uno y saltárselas cuando es el otro quien lo pide.	Durante un tiempo el permisivo tendrá que ocuparse de que las normas de casa se cumplan, mientras el «malo» dedicará mucho más tiempo al juego y actividades más lúdicas. El niño entiende que ya no hay «bueno-malo» en casa, sino estilos distintos de hacer cumplir las normas.

Ahora bien, si cuando intentas poner en práctica estas estrategias descubres que tu problema responde más al tipo: «Sí, pero es que mi pareja y yo siempre que hablamos terminamos discutiendo y reprochándonos cosas del pasado y nunca solucionamos el problema, estamos dos días enfadados y luego nos olvidamos del tema», está claro que primero tienen que cambiar la manera de comunicarse.

La siguiente técnica les ayudará a mejorar su comunicación. Se trata de una fórmula para dirigirse al otro con el objetivo de llegar a acuerdos. Ponlo en práctica y te sorprenderán los rápidos resultados. Sigue las pautas la próxima vez que te encuentres en una situación de discusión con tu pareja y la resolverás de forma asertiva. Recuerda estas siglas: DEP (Describo, Expreso, Pido).

1. *Describo.* Se trata de que utilices el lenguaje para describir lo más objetivamente posible lo que ha ocurrido. No utilices exigencias, etiquetas o juicios de valor o acusaciones: «Cuando salimos los fines de semana y al día siguiente soy yo la que se ocupa de los niños...».

2. *Expreso.* Expresa en primera persona cómo te has sentido o cómo te ha afectado lo que ha ocurrido: «Yo me siento muy cansada y enfadada...».

3. *Pido.* Pide en forma de sugerencia y en primera persona el cambio que te gustaría que se produjese en la situación o en la actitud de tu pareja. Evita utilizar exigencias, acusaciones o dar órdenes: «Me gustaría que la próxima vez me ayudaras en algunas tareas, como darles la comida o bañarlos, así yo también podría descansar y disfrutaría más cuando salimos juntos».

Busca momentos para ponerte de acuerdo con tu pareja en lo que quieres que haga tu hijo y muéstrense coordinados, pero nunca discutan en su presencia.

Deja que intervenga el que esté más tranquilo. Si ves que tu pareja está perdiendo los nervios, acércate, y con una pequeña señal o frase del tipo «Ya sigo yo», pídele que se retire y relévala.

Cuando el mal comportamiento de tu hijo tiene lugar fuera de casa la situación se complica un poco más. Cruzar corriendo una calle, perderse en un supermercado, lanzar comida en un restaurante, tirar todo lo que tiene a su alcance en un centro comercial... son algunas de las conductas que llevan a los padres a echarse a temblar cada vez que hay que salir de casa.

Quedarse en casa hasta que alguien te acompañe o dejar al niño en casa de una abuela mientras haces la compra puede paliar el problema, pero no es la solución.

A continuación te explicaremos lo que hicieron unos padres para atajar las desobediencias constantes de su hijo cuando estaban fuera de casa. Los casos te darán las pistas de cuál tiene que ser tu actuación:

Los padres de Jaime, de casi 3 años, no pueden salir a comprar o a un centro comercial con su hijo. Empieza a correr pasillo por pasillo, coge lo que quiere de las estanterías, mete en el carro lo que le apetece y, si se cansa, se tira al suelo y no hay quién lo mueva. Como le digan NO empieza la pataleta. «No podemos comprar tranquilamente, todas las salidas terminan con gritos y llantos», «Un día de éstos se va a perder o nos van a echar», dicen.

La propuesta a sus padres fue:

- A partir de ahora a Jaime se le asignarían responsabilidades en el supermercado. Se le haría partícipe convirtiéndolo en el ayudante de la compra: ya fuera como el responsable de la lista o de ordenar las cosas en el carro. También se encargaría de ir a buscar las cosas que sus padres le pedían: «Venga, Jaime, coge tus yogures de la nevera».

- Trataron de que las compras no se demorasen en el tiempo. ¡No podemos pedir a un niño de 3 años que aguante toda la tarde de compras!

- Buscaron alguna actividad para hacer si Jaime ayudaba, colaboraba y estaba tranquilo durante las compras: «Jaime, si estás tranquilo este ratito y nos ayudas a hacer la compra, luego podrás montarte en los cochecitos».

- Si Jaime se ponía a llorar, gritar, correr o tirar cosas de las estanterías, la actitud de sus padres sería: uno se encargaría de sacarlo del supermercado, lo sentaría en un banco y le avisaría: «Cuando estés tranquilo, entramos y continuamos con la compra».

La constancia de sus padres hizo entender a Jaime que este comportamiento era más beneficioso para él: un día, cochecitos, otro, un helado por su colaboración, otro, elegía unas nuevas galletas y, lo más importante, le encantaba su puesto de ayudante —«Soy mayor»— y disfrutaba de la compra junto a sus padres.

María, de 5 años, cada día que va al parque termina enfadada con su madre. Las quejas más frecuentes de ésta sobre María son: «No me hace caso, hace lo que quiere», «Me paso todo el camino hasta el parque corriendo detrás de ella», «Se sale del recinto cuando le viene en gana», «Para mí es un estrés ir al parque».

Esta madre puso en marcha paso por paso el siguiente plan:

- Le dijo a María lo que esperaba de ella y qué pasaría si no lo hacía: «María, el camino del colegio al parque tienes que venir de mi mano, una vez que lleguemos al parque puedes soltarte y jugar. Si te sueltas antes, tendremos que irnos a casa». Muy convencida y con tono firme, porque sabía que en alguna ocasión tendría que cumplir las consecuencias.

- Una vez en el parque le contó cuáles serían las normas: «Qué bien, María, has venido todo el camino de la mano, ahora puedes jugar dentro del recinto del parque; si sales, tendrás que quedarte conmigo sentada en el banco unos minutos». Esta situación podría repetirse hasta en dos ocasiones, si llegaba la tercera, su madre le avisaba: «María, si vuelves a salir del parque, nos iremos a casa».

- Y ya de vuelta a casa de nuevo su mamá le decía: «María, has estado jugando muy bien esta tarde, ahora nos vamos a casa, si todo el camino vas de la mano, al llegar podemos ver un capítulo de dibujos».

Hubo días en que se volvieron a casa sin llegar al parque, días en que se marcharon antes de tiempo y días en que María se quedo sin su rato de dibujos, hasta que la niña aprendió cuál era el comportamiento adecuado para ir al parque y permanecer en él.

Cuéntale antes de salir de casa las normas y las consecuencias que tendrá su cumplimiento o su incumplimiento.

Sé firme y cumple lo que le has dicho que pasará.

Dale actividades que lo mantengan distraído en algo.

Sé consciente de la edad que tiene y de que su paciencia es limitada.

PIERDO LOS NERVIOS

En todas las actuaciones propuestas hay una constante para los padres: mantener la calma ante los conflictos. Muchos se ven incapaces de conservar esa tranquilidad tras hora y media de gritos o después de esos días en los que el niño se levanta con «el pie izquierdo», cosa completamente comprensible, por otra parte.

Tampoco nadie mantiene un mismo estado de ánimo de manera continua; las circunstancias hacen que unos días tengas más paciencia y tranquilidad para enfrentarte a los conflictos cotidianos que otros. Tu hijo tendrá que aprender esto y lo hará si tú se lo cuentas; si has tenido un día duro de trabajo y cuando llegas a casa te encuentras la primera trifulca, puedes avisar a tu hijo: «Hoy vengo muy cansado».

Pero como todos nos equivocamos, tú puedes tener un día de éstos y perder los estribos.

¿Qué hago para evitar perder el control?

Seguro que vas notando cómo tu enfado aumenta por momentos, te vas sintiendo cada vez más y más enfadado. Ése es el momento, no hay que esperar a dar los primeros gritos, has identificado esa señal que te recuerda: «Vete de aquí o terminarás gritando».

Retírate, toma distancia e invierte un tiempo en pensar cómo vas a resolver la situación. Si estás acompañado en casa, puedes pedir a tu pareja que te releve mientras sales a dar una vuelta. Si estás solo, intenta ir a un sitio apartado del conflicto. En el momento en el que te encuentras allí trata de relajarte. Para ello puedes:

- Apretar los puños, contar hasta diez y soltarlos lentamente mientras dejas que tu cuerpo se relaje.
- Inspirar profundamente aguantando la respiración mientras cuentas hasta diez. Suelta todo el aire poco a poco, y deja que tu cuerpo se vaya relajando.
- Respirar contando de diez a cero en cada espiración, dejando que tu cuerpo se relaje más y más en cada paso.
- Imaginar una escena agradable y relajante para ti (tomando el sol en la playa, caminando por el campo) y experimentar todas las sensaciones que la situación genere.

Acompaña estos ejercicios para calmarte con algún pensamiento similar a: «Es normal que mi hijo se enfade cuando le pido que haga algo y no le gusta, puedo mantenerme firme y calmado para resolver con éxito el conflicto». Una vez que haya transcurrido un tiempo y te encuentres más tranquilo dirígete a él, y con un tono más bajo de lo habitual y hablando muy despacio repítele la orden, luego retírate de la situación y busca una tarea que hacer.

«Sí, sí, pero... si me voy a otra habitación mi hijo viene detrás y se pone a dar patadas a la puerta, entonces ¿qué hago?». Es bastante frecuente. Su objetivo es que lo atiendas y si te vas... no lo consigue. Así que va detrás de ti para enseñarte y recordarte que está enfadado. En ese momento únicamente repítele: «Cuando dejes de dar patadas a la puerta, hablamos», y sigue con tu intento de calmarte.

Los niños pueden llegar a ser muy insistentes cuando quieren algo e invertir todas las estrategias que tienen a mano para conseguirlo. Tú mantente en tus trece, por mucho que tu hijo te diga, te cambie de tema, te pregunte cuándo va a poder comerse la piruleta, recuerda que tu objetivo es calmarte para resolver después.

Una buena forma de que desistan en su actitud es convertirte en algo así como un disco rayado, entonces, sea cuál sea su argumentación, tu respuesta será la misma: «Entiendo que te enfades, pero no te puedes tomar la piruleta hasta después de comer». Él se irá malhumorado y tú podrás volver a dedicarte a relajarte.

En ocasiones los padres cuentan cómo su hijo es ejemplar en casa mientras que no paran de recibir amonestaciones del colegio; en otras (más frecuentes), el niño tiene un comportamiento espléndido en el colegio, pero cuando llega a casa... se transforma. Pero por norma general son igual de revoltosos en casa y en la escuela. Ya el profesor Michael Rutter (1970) concluyó, en una investigación con niños de entre 10 y 11 años, que aproximadamente un 25 por ciento de estos niños eran desobedientes en casa, pero en el colegio lo eran menos del 10 por ciento*.

Si tu hijo es de los que recibe más notas de las estrictamente necesarias, o parece que la profesora sólo quiere hablar contigo —¡con todos los padres que hay!—, recuerda que aunque en el colegio tu hijo tenga ya alguna consecuencia por su comportamiento, conviene trabajar de forma coordinada con el profesorado para aunar fuerzas y conseguir que el comportamiento del niño (en el colegio) mejore.

El caso siguiente muestra una forma de hacerlo. Los padres de Elisa, de 6 años, están hartos de recibir notas de la profesora casi a diario en las que les comentan el mal comportamiento de la niña en clase. Que si hoy no ha terminado la tarea de clase, que si hoy se ha peleado con su compañero de mesa, que si ha molestado a la clase hablando o incluso que si ha contestado a la profesora.

---

* Rutter, M.; Tizard, J., y Whitmore, K., *Education, Health and Behaviour,* Longmans, 1970.

En casa estaban cansados del mismo sermón diario. Elisa ya sabía que ése no era el comportamiento que se esperaba de ella en clase, se lo habían repetido muchas veces. Todas las tardes se hablaba en casa de lo que había hecho en el colegio, incluso la profesora le daba el parte a diario a su madre en persona.

Los padres decidieron coordinarse con la tutora para poner fin a estos comportamientos de Elisa. Para ello:

- Madre y profesora evitarían hablar del comportamiento de Elisa si ella estaba presente. Sólo a diario le pondría en la agenda una marca verde si su comportamiento había sido bueno, una amarilla si había sido regular y una marca roja si había sido malo. Sorprendió a su madre que al segundo día Elisa le dijera: «Mamá, que nos vamos y no has hablado con la profesora, te tiene que contar lo que he hecho hoy».

- Profesora y mamá empezarían a hablar cuando Elisa estuviese presente de «las cosas que Elisa había hecho bien en el día», en lugar de sus hazañas negativas.

- Al principio cada día que Elisa traía un punto verde, podría ir al parque al salir del colegio y jugar con sus amigas durante una hora; además, a la hora de acostarse leería junto a sus padres un cuento. Si el punto era amarillo, sólo podría leer el cuento, mientras que si la marca era roja ese día, no había ni parque, ni cuento. Pero no habría ni regaño ni sermón, únicamente se le animaba a que al día siguiente lo conseguiría recordándole lo que tenía que hacer para ganar el punto verde: «Ya sabes, si mañana no hablas en clase, terminas tu tarea a tiempo y no te peleas con ningún compañero, tendrás punto verde». Al final de semana, si sólo tenía un punto rojo y al menos dos verdes, elegiría la actividad de ocio para hacer con sus padres: ir al cine o hacer una fiesta de disfraces en casa.

- Pasadas las primeras semanas y cuando ya eran más frecuentes las notas verdes, desaparecieron los premios diarios. Elisa obtenía un «premio» a final de semana si había alcanzado el objetivo (mínimo tres verdes la primera semana, cuatro la segunda...).
- Cuando ya lo habitual eran los verdes supieron que Elisa había aprendido los beneficios de su nueva forma de comportarse en clase y eso era suficiente para mantenerla; luego los puntos ya no eran necesarios. Sin olvidar que de vez en cuando alguna alusión o recompensa a su cambio de conducta le haría mantenerla.

Tras el esfuerzo de su madre y de su profesora, pero sobre todo el de Elisa, su comportamiento empezó a cambiar y pasó de ser la «niña que se portaba mal en clase» a ser una niña más de clase.

Epílogo

En la era actual, en la que estamos dominados por lo tecnológico, en la que se busca la rapidez, la inmediatez y en la que el tiempo es un bien escaso, no es extraño que algunos padres piensen lo bien que les vendría un hijo con botón de *on/off*.

Pero los niños no tienen nada que ver con los robots. Sería perfecto que fuesen capaces de estar sentados durante dos horas en un restaurante, hacer las cosas a la primera, no contestar, no oponerse a las normas, no hacer rabietas, aguantar pacientemente las compras en un centro comercial. Pero si lo hicieran, no serían niños y no hablaríamos de educar, sino de atender y cuidar.

Educar es mucho más que eso, es acompañar al niño en el aprendizaje de capacidades que lo lleven a convertirse en un adulto feliz. Implica equivocarse, desesperarse, preocuparse, cansarse, pero también reírse, disfrutar y sentir orgullo de la persona que has ayudado a crear.

Ser imprevisibles nos hace únicos y en esa diversidad está la esencia del ser humano. Cada niño es diferente, pero todos pasan por las mismas etapas. Es muy importante cómo los acompañas en el tránsito por todas ellas, por eso te animamos a que memorices estas palabras y recuerdes lo que implican:

1. *Claridad.* Sé claro cuando te dirijas a tu hijo, dile de forma concisa lo que esperas de él.
2. *Coherencia.* Pídele cosas lógicas y coherentes con su desarrollo y haz tú primero lo que le pides.
3. *Convicción.* Transmítele firmemente que lo que quieres es lo mejor para él y lo hará.
4. *Cariño y respeto.* Poner límites y consecuencias no es sinónimo de enfadarse, ser firme no es gritar. Busca y fomenta los buenos ratos con tu hijo, en los que os divirtáis y disfrutéis y olvida los momentos más tensos.
5. *Consecuencia.* Sé consecuente. Hazle saber las consecuencias de sus actos y cúmplelas. Felicita todos y cada uno de sus logros.

Y recuerda: la autoridad que les transmitas será la que ejerciten ellos.